「白光の戦士」カード

白光の戦士

白光の誓い

自分を愛して他人を愛し
ます 優しさと笑顔をたや
さず 人の悪口は決していいま
せん 長所をほめるように
努めます

さいとうひとり

斎藤一人

白光《はっこう》の戦士

一瞬で
幸せに変わる
魔法

舛岡はなゑ
Masuoka Hanae

PHP研究所

過去の悩み。

ゆるせない思い、哀しみ、恐れ etc.
そのような嫌な思い出を

一瞬でかえられるとしたら。

こんな幸せなことはありませんよね。
でも、それができるんです。

いま、あなたが見ている
その現実は、
あなたの
創《そう》造《ぞう》
です。

一人さんにとっては当たり前すぎて
これまで語らなかった
幸せの極意を
お伝えします。

ものすごい夢の国
ファンタジーの世界へ
みなさまをご案内します。

自分の世界をかえる
ファンタジービームを
お授けします。

闇を光にかえる

「白《はつ》光《こう》の剣《つるぎ》」

斎藤一人　白光《はっこう》の戦士　目次

特別掲載

斎藤一人さん語りおろし

幸せのコツは、もう一歩、勇気を出して都合よく考えること

序

白《はっ》光《こう》の剣《つるぎ》とは

あなたにも闇を光にかえるパワーを

第1章

明るく楽しく おもしろい人生がいちばん

第2章

不幸は幻 自分以外はみな幻

誰も知らなかった、過去のトラウマがハッピーエンドの物語にかわる魔法

第3章

人生がかわるとき、目の前の景色がかわる

第4章

妄想をはじめましょう

装丁――根本佐知子（梔図案室）
編集協力――道井さゆり

特別掲載

斎藤一人さん語りおろし

幸せのコツは、もう一歩、勇気を出して都合よく考えること

読者のみなさん、はじめまして。
〝一人さん〟こと、斎藤一人と申します。

「心」の話をします。
「心」というのは、まるで鏡のようです。
「心」は、いろんなものを映し出します。

そして、人は自分の「心」に映ったものと必ず出会うようになっています。
おもしろいことを考えれば、世の中、おもしろいの。

夢に出てきたガイコツが教えてくれたこと

『荘子《そうし》』っていう本のなかにおもしろい話があるのね。

ある人が旅をしてたら、ガイコツがあったんだって。

そのガイコツを見て、その人は、

「お前がどんな生き方をしてきたのか、わからないが、こんなところで、野ざらしで死んで気の毒なヤツだ」

とか言って、そのガイコツを枕に寝ちゃったの。

そしたら、「おい、お前」って。

そのガイコツが夢に出てきて、その人にこう言った。

「オレのこともよく知らないくせに、勝手に不幸だと決めつけるなよ。オレは自由に生きて幸せだったんだ」

その人は「あぁ、そうだったのか」と思った、っていう。

わかりますか？

野ざらしで死んで、そのまま放置されているからといって、

「不幸だ」

と思っちゃうのは、
根拠のない思い込み。

妄想だよ、って、この話は教えてくれているんです。

楽しく笑えば「気」があがる

神道《しんとう》で「ケガレル」っていうのは、「気が枯れる」という意味なの。

グチ悪口、泣き言、否定的なことを考えていると、段々ケガレてきちゃうんです。

「これこれこうだから、自分は不幸なんだ」って。

「子どものころ、親にこんなこと言われ、こんなことされて、自分は心にキズを負ってしまったんだ。だから、不幸なんだ」って。そんなことを思っているとケガレてきちゃうんだよ。

だから、古来、日本人は自然を利用して浄化する、ということをしていたの。ケガレを落としていたんだよね。

たとえば、「風の浄化」。

風が吹いているところで両手を広げて全身で風を受けるの。風が体を通り抜けるところを想像するんだよ。

体の具合の悪いところにあった詰まりが、風が通り抜けると同時になくなって、キレイな風が通り抜ける情景をイメージするんです。

それと「波の浄化」。

「波の浄化」というのは、海岸に立ってね、
両手を広げて、目をつぶる。

そうすると、波がね、
ザーッ、ザーッて、くる。
ザブン。
ザブン。

という音を聞きながら、体のなかを掃除してるイメージをするんだよ。
三分か、五分、それをやっていると、体がすがすがしく浄化された気持ちになる。
すると、海ってね、素晴らしい「気」の塊だから、
そこで「気」をもらえるんだよ。

それから、御神木に手を合わせて拝んだり、「気」をもらったり。

林や森に入って病を癒すって、昔から言われているんですけど、それも、森の木々から「気」をもらっているんだよね。
とくに何百年も生きてるような木には、すごい力があるんだよ。

御神木やなんかっていうのは「個」の観念がないんだよ。
人間と自分たちは違うとは思ってなくて、仲間だと思っているんだよね。
だから木は、自分を癒すのと同じように、病んでいる人がくると癒してくれる。
林やなんかに入っていったりすると、気持ちがよくなるのはそういうわけなの。

それとね、楽しいことしたり、笑ったりしていると、枯れていた「気」があがります。
浄化されるんです。

一人さんがいつも幸せなのは、楽しくておもしろいことを考えているからなんだよね。

旅先での恋の物語

昔、盛岡の旅館に泊まったときにね、高校を出たばかりの、新入りの仲居《なかい》さんがいたのね。

その仲居さんが、オレの好みだった（笑）。

そこで、一人さんは電話番号を書いたメモ紙を渡したの。

電話してね、って言ったんです。

でも、かかってこなかったの。

このとき、ふつうだったら「フラれた」と思って、ガクッとすると思うのね。

でも、一人さんは違うんだよ。

一人さんは、なんで彼女から電話がかかってこないのかを考えたの。
たぶん、それは、オレが彼女に電話番号を書いたメモ紙を渡しているところを、
先輩の仲居さんに見られて、その紙を取り上げられちゃった（笑）。
電話をかけたくても、かけられないんだよ。
きっとね、そのコは今も、オレが訪ねてくるのを待っているの（笑）。

本当ですかって？
オレにはそうとしか思えない（笑）。
他に考えようがないの（笑）。

あのね、人は幸せになるために生まれてきたんだよ。
オレは一分、一秒たりとも、不幸でいたくないんだ。
だから、明るく楽しくおもしろい妄想をするんだよね。

そんなことしていいんですかって、いいに決まってるじゃないか（笑）。

だって、幸せになるために生まれてきたんだよ。
人は幸せにならなきゃいけないんだよ。

自分はこれこれ、これだから不幸なんだ、って。
不幸な理由を言っている人が、はなゑちゃんやなんかの講演を聞くと、
考え方がガラっとかわって、幸せになっちゃう人がたくさんいるんだよ。

わかるかい？

幸せなことは、すでにあったんだよ。
はなゑちゃんの講演を聞いて、すでにある幸せに気づいたんだよね。

幸せを見ていなかっただけなんだよね。

もしね、自分の周り中探しても幸せがなかったら、空想の世界で幸せになるの。
現実世界のなかで探すんじゃなくて、明るく楽しくおもしろい妄想をしてでも、
あなたは幸せにならなきゃいけないの。

高速道路が渋滞しているときの、一人さんの妄想

あのね、人生はおおざっぱに言って、
「不幸なストーリー」と、
「幸せなストーリー」、
この二種類なんだよ。

嫌な思い出、不幸な思い出にファンタジービーム「白光《はっこう》の剣《つるぎ》」を当てて消去して、妄想した「幸せなストーリー」をはめ込んじゃえばいいの。不幸な思い出と、「幸せなストーリー」を入れかえちゃえばいい。

潜在意識ってね、現実と空想の区別がつかないの。だから、入れかえちゃっていいんだよ。

親がものすごく嫌な親であっても、「愛情深い親で……」とか、自分の頭のなかで、理想の親にかえちゃっていいんだよ。

日々、思い浮かぶ嫌な思い出をファンタジービームで次々と消すの。消したら、「明るく楽しくおもしろい妄想」をする。自分に都合のいい妄想をするんだよ。

自分に都合のいい妄想とは、何ですかって？


たとえば、高速道路を車で走っているとする。

渋滞で車が停まっちゃったとする。

「事故かな？」とか、

「何だよ、もう」とか思うじゃない？


一人さんは、すごくステキな女性がTバックで道路に立っているんだなって思うんだよ。

自分の好きな女優かなんかが立っているんだ、って。

そうじゃなかったら、こんなに並ぶわけがない（笑）。

もうじきオレもTバックの美女を見られるんだ、とか思ってると、ワクワクするんだよ（笑）。

その場に到着したときに、その女性がいなくてもいいの。

「さっきまでいたんだ」

って思うだけなの（笑）。


どこまでも自分に都合のいい妄想をするんだよ（笑）。

妄想したと同時に、オレは幸せになっちゃうの（笑）。

「もう一歩、自分に都合よく」また
「もう一歩、都合よく」

「心」というのは、いくらでも不幸を生み出せる。

幸せも、いくらでも生み出すことができる。

「心」は何を思ってもいい。
「心」のなかで、あなたは自由です。
何の遠慮もいらないの。
自分に都合のいいことを妄想していいんだよ。

だけど、自分に都合よく考えるクセをもつ人は少ないね。

たとえば、「前世、自分は心臓病で死んだんだ」って思い出した女の人がいるんです。
昔のことを思い出して、また心臓が苦しくなってきちゃったのね。
当人に、「自分に都合よく考えてごらん」って言うと、
彼女は「名医が現れて、助けてくれた」
って考えたんだよ。

でも、それだと、命が助かるだけの話になっちゃうんだよ。

なんで、その名医をものすごい、いい男にしないの？


「心」は、いくらでも幸せを生み出せるから、「もっと行ける」はずなんだよね。

だけど、ほとんどの人は、自分に都合のいい妄想、ということをやったことがないんだよ。

だから思いつかないだけなの。


自分に都合のいい妄想をするときのコツはね。

いっぺんに自分の理想とする世界を思い描こうとしないことだよ。

自分に都合のいいものを「もう一歩」また「もう一歩」って、出していけばいいんだよ。


どういうことですか？っていうと、さっきの、何代か前に心臓病で亡くなった人の例でいうとね。

まず最初は「名医が現れて、助けてくれた」と思うんだよ。
そしたら、もう一歩、勇気を出して、自分に都合のいいことを考える。

たとえば、その名医はいい男なんです（笑）。

でも、まだまだ行けるんです。
さらに、もう一歩、自分に都合のいいことを考えるんです。

たとえば、自分を助けてくれた名医はいい男なうえに、自分にホレちゃうの（笑）。

まだまだ行ける、もう一歩。
いい男の名医が自分にホレちゃって、家にご招待してくれるんだよ（笑）。

行くと、その人の家はお金持ちなの（笑）。
しかも、うるさい母親がいたんだけど、一カ月前に、突然、流行病《はやりやまい》にかかって亡くなっちゃった。

まだまだ行けるよ（笑）。
その人には弟がいるんだよ。
弟のほうが、もっといい男で、しかも、なんと！　自分にホレちゃうの（笑）。
兄弟で自分を奪いあって、ケンカになっちゃった。
そのとき、自分は二人にこうやって言うの。
「私のために、ケンカしないで！」って（笑）。

グンと自己重要感があがったね。

自分に都合のいい妄想って、こうやってするんだよ。
勇気を出して「もう一歩」。
また勇気を出して「もう一歩」って出していくうちに、
自分にとって都合のいい考えがスッと出るようになり、進化していく。

毎日こういうことを考えていると楽しいんだよ。
楽しく生きられたら、もう成功なの。
一人さんにとって「成功」とは、楽しく生きることだからね。

そして、この「楽しい波動」がさらに成功のアイディアを引き寄せる。
そのアイディアを行えばうまくいって、大成功するの。

だから、楽しいことからは、成功か大成功しか生まれない、っていうんだよね。

閉じ込められた記憶を消した、一人さんの妄想

「狭いところにいると苦しくなるんです」

という女性がいたんだ。

その人は、何代か前の過去世において、狭いところに閉じ込められたことがあったんです。

それがあったときと同じ年頃のいま、「狭いところにいると苦しい」という症状が出てきたのね。

オレはもちろん、ファンタジービーム「白光の剣」で、つらい過去の物語を消去して、楽しい物語に入れかえるよう、助言しました。

実は、オレも何代か前に、ピラミッドのなかで岩が落っこちてきて閉じ込められたことがあるんです。

そのとき、閉じ込められたところを、オレは花園にしちゃったの。

そして、岩が落っこちてくるのではなくて、Tバックのキレイな女性が何人も降ってきて、花束をくれる。そういうイメージをしたんだよ。


イメージした瞬間、「うふふ」ってなるよね（笑）。


女の人だったら、いい男が花束をもって降ってくるって思えばいいんだよね。

そしたら、「うふふ」ってなるでしょ？


この妄想をすると、すこーし楽になるんです。

少しでもよくなったとしたら「よくなった」って言うといいよ。

「まだ、これだけ具合の悪いところが残ってる。まだ残ってる」
そうやって言うよりも、ちょっとでもよくなったことに感謝するんだよ。
「ありがたい」と思うと、なぜか、「もうちょっと行く」ものなの。

消したと思ったのに、またそのことを思い出したとしたら、その都度、Tバックのキレイな女性が落ちてきて、花束をくれるという妄想をすればいいんだよね。
思い出すたびに、何回でもファンタジービーム「白光の剣」をつかって、つらい物語を消去して、自分に都合のいい物語に書きかえればいいの。

そうすると、ちょっとよくなる。

また暗いことを思ったら、またファンタジービームを当てて闇を消し、明るい物語に書きかえる。

打ち消して、打ち消していくうちに、一歩進むの。

要するに、こうやって明るいほう、明るいほうに考えるための訓練なんだよ。


「まだよくならない。まだここが悪い」

って、不幸になるようなものを見ていてはいけないの。

一つのボタンを押せば全部なおっちゃうようなものはありませんか？って、それはありえないの。


それがわかるのはね、他人《ひと》を助けるようになってからなんだよ。


一生懸命、「こうしたらいいよ」とか、「白光の剣はこうつかうんだよ」とか。

相手のために自分が話をしてあげて、相手がそれをやってみたときに、ちょっとでもよくなって「ありがたい」と思う人と、

「まだ全部なおらない」「まだ全部なおらない」と言う人がいる。

そのとき、後者がどのくらい嫌な人間か、自分が逆の立場になってくるとわか

るんだよ。

それでもね、自分は助ける側に回らない限り、そこから先の魂の進歩はないの。

一〇〇悪かった人が、九九になれば、
つらさを「一」減らす方法を知ってるの。

だから、一〇〇の人に教えてあげれば、「一」でも減らせるんだよ。
それをやってるうちに、つらさは「九〇」になり、「八〇」になり、
段々と、段々と、よくなってくるものだからね。

カスタネットの
すごい才能の持ち主（笑）

小学生のころって、たいがい、楽器をやらされるじゃない？

一人さんはずっとカスタネットだったんだよ。


ふつうは、カスタネットから始まって、次はトライアングルとか、ピアニカとかって、いろんな楽器をさせられるんだけど、オレはずーっとカスタネットだったの。

ここで、たいがいの人は、

「自分には音楽の才能がないんだな」

って思うんだよ。


一人さんはそうは思わないの（笑）。

オレの場合は、カスタネットの才能が素晴らしかったんだ、って（笑）。

ここで自信をなくすか、自信をもつかで、これからの人生がかわってきちゃうんだよ。

オレは、自分に都合のいい妄想をずっとやり続けてきた人なの。

だから、ファンタジービーム「白光の剣」というものを神さまから授けてもらえたんだと思うよ。

この「白光の剣」はみんなもつかえるからね。

この剣はイメージだからね。

剣を鞘《さや》から抜くイメージをして、剣から出るファンタジービームを相手に当てればいいんだよね。

白光を当てれば、あとは、鹿島さまや香取さまがやってくれるから、大丈夫だよ。

「心」はいくらでも幸せを生み出せる。

不幸もいくらでも生み出せるの。

人の思いって、影響しあっているんだよ。

悪いほう、悪いほうへ考えちゃうと、いっしょにいた人の波動に影響が行くんだよ。

だとしたら、自分の、つらい思い出とか、嫌な思い出が浮かんできたら、ファンタジービーム「白光の剣」で消して、自分に都合のいい妄想をしたいよね。

そしたら、思い出を、自分に都合のいい、ステキな思い出に書きかえるたびに、自分の周りや関係者までもが幸せになってきちゃうからね。

だから、盛岡の旅館で出会った、あの仲居さんも、いま幸せになっていると思うよ。

会わなくても、それがわかる。

なぜなら、オレが幸せだから。

オレの幸せな波動が、あのコにも行くんだよ。
オレはこの、ファンタジービームで、いいことがいっぱい、ますます幸せです。
この本は、そのお知らせであって、あなたがやるかどうかは、あなたの自由です。
もし、あなたが「やってみたいな」って思ったのなら、
あなたは、これから世の中の闇を切り裂いていく「白光の戦士」なんだと思います。

やり出すとね、ものすごく楽しいよ。

これはね、すごい人助けになるよ。

ゆるせない人がたくさん出てくるから、かたっぱしから〝いい人〟にかえちゃってください。

必ず、ハッピーエンドにするんだよ。

そうすれば、自分の人生もハッピーエンドになるからね。

あなたの心のなかから白光があふれ出して、みんなにも幸せが行くからね。
楽しんでやってみてください。
以上で、私の話は終わりです。
ありがとうございます。

斎藤一人

序

白《はっ》光《こう》の剣《つるぎ》とは

あなたにも
闇を光にかえる
パワーを

「白光《はっこう》の剣《つるぎ》」とは、もっと幸せになりたいあなたに、偉大なる愛がくださった、闇を光にかえるアイテムです。

この本を手に取ってくださったみなさまに、「白光の剣」とそのつかい方を、お伝えさせていただくのですが、その前に、このお話をお伝えしなくてはなりません。

「白光の剣」のひらめきが訪れたいきさつについて……。

☆☆☆

一人さんが、いまいちばんみなさんに伝えたいこと。
それは「グチ悪口を言わない挑戦をしよう」ということです。

私も一人さんに言われました。

「グチ悪口を言わない挑戦」の話を、みんなにしてあげてね、って。

神さまたちからも応援されているよ、って。


私自身、一人さんの思いをお口伝えしたい。

「グチ悪口を言わない挑戦」の話をしたいなと思っていたところでしたので、一人さんの言葉を受けて、さっそく私は行動開始。

この話を講演しながら各地を旅して回るようになったのです。


行く先々で講演会は大成功、「グチ悪口を言わない挑戦」の話は大好評でした。

そのお礼をしましょう、という話になって、一人さんたちと、鹿島さま、香取さまにお参りに行くことになりました。

鹿島さまから、お言葉がおりて……

まず最初は、鹿島神宮（茨城県鹿嶋市）にお参りに行ったのです。

本殿で、一人さんたちと並んで、

「鹿島さま、お助けいただきましてありがとうございます」

と、いつものように私はお参りをして、ふと横を見たんです。

そしたら、顔をハンカチで覆っている一人さんがいました。


「鹿島さまのお言葉がおりたんですか？」

と聞くと、一人さんは、うん、うん、って、うなずくだけでした。

一人さんにとって、その言葉は、とてもうれしい言葉だったのです。

胸がいっぱいで、言葉がすぐには出なかったのです。

一人さんが涙をぬぐい、顔をあげたとき、私はたずねました。

「鹿島さまは、なんとおっしゃったんですか？」

すると、一人さんはこう言いました。


「ジャマする闇は秒殺です」


それ以上、一人さんは何も語ろうとしませんでした。

でも、私には、その言葉が意味することがわかっていました。


「闇」とは、グチ悪口、それを言いたくなる気持ち。

哀しみ、不安、心配、怒り。

それから、ゆるせない思いだとか。

幸せでない心の状態が「闇」です。

そして「秒殺」とは、鹿島さま、

つまり、タケミカヅチノカミ（武甕槌大神《たけみかづちのおおかみ》）さまの御神威《ごしんい》のことです。

タケミカヅチノカミさまは武運を守護する武神《ぶしん》であり、雷の神さま。

この神さまが討って出るときは、電光石火《でんこうせっか》、立ち上がったと同時に相手がマイッタしてしまう。

それぐらい強い神さまなのです。

タケミカヅチノカミさまが立ったと同時に、何もしていないのに相手がマイッタするんです。

タケミカヅチノカミさまの御神威の象徴、稲妻は愛の光なのです。

愛の電光石火で「闇」を秒殺してくださる、ということなんです。

そして、「グチ悪口を言わない挑戦」をはじめた人たちのジャマは決してさせません よ。

あなたたちには私がついていますよ、と言ってくださった。

だから、一人さんは「ジャマする闇は秒殺です」という言葉がありがたく、涙したのでした。

香取さまから、お言葉がおりて……

鹿島神宮の次に向かったのは、鹿島さまとご兄弟といわれ、同じく武神のフツヌシノカミ（経津主大神《ふつぬしのおおかみ》）さまが御祭神の香取神宮（千葉県香取市）でした。

ここでも一人さんに香取さまのお言葉がおりたのですが、

一人さん、号泣でした。

嗚咽《おえつ》するぐらい、ありがたいお言葉なんだと思いました。

一人さんが落ちついたところで、私はたずねました。

「香取さまは何とおっしゃっているのですか？」と。

そのとき、一人さんが教えてくれたのが、こちらの言葉でした。

「闇をはらうフツヌシの剣をお役立てください」

このときも、これ以上、一人さんは何も語りませんでした。

でも、私には、それで十分でした。

ありがたいお言葉でした。

どういう意味なのかというと、御祭神フツヌシノカミさまの「フツ」は刀で何かを斬ったときの、「フツ」という音、キレ味のよさを表す音のことを言います。

フツヌシノカミさまは、切れ味のいい刀を表しているのです。

さらに、フツヌシノカミさまの「フツ」にはこんな意味も隠されています。

たとえば、天からひらめきが訪れるとき、
「フッと、ひらめいた」とか、
「ひらめきが、フッと、きた」
とか言いますよね。

あなたを幸せにするひらめきが「フツフツ」とわきおこる、と言ったりします。

つまり、「闇をはらうフツヌシの剣をお役立てください」とは、
私（フツヌシノカミさま）をお役立てください。
私にも闇を光にかえるお手伝いをさせてください、ということなんです。

「闇を光にかえる」とは何ですか？

この「白光の剣」をもつ人すべてに、もちろん、あなたにも、幸せになるひらめきを与えましょう、ということなんです。

それが、闇を光にかえましょう、ということなんです。

一人さんに訪れた〝ひらめき〟

あの日は、生涯忘れられない一日となりました。

一人さんにとっても、私たち弟子にとっても。

鹿島さま、香取さまでのあの出来事の直後、一人さんに、ファンタジービーム「白光の剣」のひらめきが訪れたのです。

そして、私、舛岡はなゑにとっては、ある意味、ターニングポイントでした。

大きく何かがかわった、というのではないのです。

でも、目に映る景色がかわりました。

一人さんにおりたタケミカヅチノカミさま、フツヌシノカミさまのお言葉を聞いて、私、わかったんです。

いままで一人さんから教わってきたことが、「こういうことだったのか」と。

その場その場で聞いた一人さんの話が、点と点だったものが、やっと全部一本の線でつながったんです。

そして、私たちにできることがやっと見えてきたのです。

私たちはなぜ、ここにいるのか

私たち弟子が、一人さんにいちばん最初に教わったことは……
ご存じの方も多いと思います。
「白光の誓い」なんです。

自分を愛して他人を愛します
優しさと笑顔をたやさず
人の悪口は決していいません
長所をほめるように努めます

これが「白光の誓い」です。
ココに書いてあることは、すべて「愛」なんですね。

そして、一人さんがみんなに伝えたいのは「愛の力」。
「愛」がいちばん強いんですね。

どんな闇より、愛の光がいちばん強い。
みんな、宇宙でいちばん強いものを授かっているんです。
「愛」は、みなさんのなかにあります。

あなたのなかに、あるんです。

「愛」のない人は、この世に存在しません。
なぜなら、人を生かしている生命エネルギーの原点は神さまの「愛」なんです。

私たちの命は神さまの「愛」です。

「愛」とは、白い光です。

自分のなかにある「愛」を大きくしていくと、白い光がなかからあふれ出てきます。
白い光に包まれ「愛」に守られて生きるんです。
そして、闇に白い光を当てると、闇が光にかわる。

「白い光を当てる」とは、何ですか？

それは「白光の誓い」を実践すること。

自分を愛して他人を愛します
優しさと笑顔をたやさず
人の悪口は決していいません
長所をほめるように努めます

この地球を愛の光で包みたい

私は、一人さんと会ったときに誓いました。
この地球を愛の光で包もう、って。
自分の周りにいる人たちに「白光の誓い」を実践しよう、って。

毎日「白光の誓い」を読んで、自分は「白光の戦士」なんだ、光を増やす存在なんだ。

そう思いながらやっていました。

自分が「白光の戦士」として生きると、それ自体が幸せで、周りの人も幸せになる。

幸せになる、ということはね、

幸せな人が一人増えると、どうなるか知っていますか？

幸せな人は、とんでもなく素晴らしい白光を放つので、そこにいるだけでたくさん闇が消えていくんです。

だから「白光の誓い」を実践していると、めちゃくちゃ幸せになって白光をいっぱい放つんです。

逆に「愛」のない言葉、グチ悪口を言うと闇が増えちゃう。

自分のなかにも、自分の周りにいる人のなかにも。


だから私は決めたんです。

自分はグチ悪口は言うまい、って。

この美しい地球をよごすまい、と。

そして、自分をもっと愛そう。

自分と同じように他人《ひと》も大事だから、自分と同じように、他人のことも、もっと愛していこう。


誰だって、そうやって生きていきたいと思うんです。

だけれども、「えー、あの人、頭にくるな」とか、

「なんであんなこと言うんだろう」とか、ね。

ありますよね。

それは、自分のなかから、自分のハートからわきあがる気持ちです。

「グチ悪口」ではありません。

それは、自分の素直な気持ちです。

だから、いったんは自分の気持ちを自分自身が認めてあげてください。

それから、闇を光にかえるんです。

闇を光にかえるなんて、私にできるかしらって、心配はいりません。

なぜなら、御神威により、闇が光にかわるのです。

光を求める人のところへ、この御神威を届けることを使命として、生まれたのが「白光の戦士」なのです。

「白光の戦士」の行くところ、行くところ、闇は光にかわるんです。

あなたも「白光の戦士」なのです。

信じられない方は、無理して信じなくてもかまいません。
ファンタジーだと思って、私の話を聞いてください。

ファンタジービーム「白光の剣」は愛の光。

グチ悪口、不平不満――あなたの身近にある闇を、タケミカヅチノカミさま、フツヌシノカミさまが光にかえてくださいます。

タケミカヅチノカミさまとフツヌシノカミさまが、あなたのなかで起こる闇と光の戦いで、味方をしてくれるんです。

「白光の剣」が放つ愛の光が闇を切り裂き、闇をはらってくれる。

この「白光の剣」が、あなたの人生をかえてくれるのです。

第1章

明るく楽しく
おもしろい人生が
いちばん

いま私は、とてもワクワクしています。

子どものころからずっと、私は不思議が大好きでした。
精神世界の勉強を、私なりに、いろいろしてきました。
そして一人さんと出会ってから、宇宙の法則を、一人さんに教わってきたんです。

でも、今回お伝えさせていただくものは、いままでに「ない」ものです。

あなたの人生がかわる

一人さんがあるとき、こんなことを言いました。

「闇を光にかえる人がヒーローになるんだよ」

闇を光にかえるヒーロー、といえば、私のなかでは一人さんです。
言葉ひとつで、一瞬のうちに、闇を光にかえてしまいます。
一人さんにかかったら、どんなことでも「楽しいファンタジー」になってしまいます。

たとえば、春先の、花粉がたくさん飛んでいる、ある日のことでした。

「花粉があまりにもひどいからさ、オレ、花粉が楽しくなる妄想をしたんだよ。
花粉をね、顕微鏡で、高倍率のレンズで見たの。
花粉、一個いっこが、かわいい女のコなの。
Tバックをはいているの。
そんな花粉が、鼻に詰まってる（笑）」

幸せそうな顔をして、一人さんがそう言うので、私たちも思わず笑っちゃいました。

これからは、闇を光にかえられる人がどんどん出てきます。
誰もがヒーローになれる、闇を光にかえる女神になれるんです。

神さまはいま、探しています。
闇を光にかえてくれるヒーロー、女神を。
自分の周りに愛の光を当てようとする人を。

神さまが探しているのは、特別な才能がある人のことではありません。
特別に前向きな人でもありません。

探しているのは、あなたです。

自分は「白光《はっこう》の戦士」だ、「白光の剣《つるぎ》」を授かったんだ、と思い、この剣が放つ愛の光を、自分自身に、そして、会う人会う人に当てて生きてくれる人を、神さまは探しています。

「白光の戦士」は心のなかで、「白光の剣」と、つぶやけば、この闇も、あの闇もすべて光にかわります。

思い出してください。
あなたは「白光の戦士」として生まれました。
「白光の剣」を持って生まれたヒーロー、闇を光にかえる女神なのです。

嫌な思い出がたくさんあればあるほど、自分のなかにネガティブな波動がたくさんあればあるほど、「白光の剣」をおおいにふるって、たくさんの闇を光にかえることができます。

「愛の光を当てて生きたい」
という思いが、あなたに訪れる、その日を、
大いなる神も、指導霊も守護霊も待っています。
ご先祖さまも、あなたのその思いを待っています。

「光を当てたい」という思いだけでいいのです。
それだけで、いいのです。

なぜなら、「光を当てたい」という思い、それ自体が「愛」だからです。

「白光の剣」をつかうには

ファンタジービーム「白光の剣」をつかえるようになるには、どうしたらいいのかをお伝えしますね。

まずは、この本の最初のページについている「白光の戦士カード」を切り取ってください。

切り取ったカードは、おサイフに入れたり、パスケースに入れたりと、ご自分がやりやすい方法で、ふだんから持ち歩くようにしてください。

「白光の戦士カード」の裏には「白光の誓い」が書いてあります。

自分を愛して他人を愛します
優しさと笑顔をたやさず
人の悪口は決していいません
長所をほめるように努めます

おめでとうございます。
この「白光の誓い」を読んだあなたは、もう、すでに「白光の戦士」です。
心新たに生まれかわったあなた。
正真正銘、あなたはヒーロー、闇を光にかえる女神です。

これからは、この「白光の誓い」を一日一回読むようにしてください。
毎日、新しい自分に生まれかわります。

いつ「白光の誓い」を読むのか、決まりはありません。
朝、目覚めたときに読む人もいます。
夜、床《とこ》につくときに読む人もいます。
自分が「白光の誓い」を言いたいなと思ったときが〝言いどき〟です。

ファンタジービームを当ててみましょう

それでは、実際どのようにファンタジービーム「白光の剣」をつかうのか、読者のみなさんにお伝えしますね。

あなたの周りにこんな人がいませんか？

たとえば、いつも周り中に怒鳴りちらしている人。

怒ってばかりいる人。
重箱のすみっこをつつくようなことをしている人。
いつもグチ悪口を言っている人。
悲しみから抜け出せない人。

「なんで、あの人は、いつも、ああなんだろう」とか。
「あの人ったら、もう……」とか。
その人のことを考えると、とても、おだやかな気持ちではいられない。
そんな気分にさせる人に、
ファンタジービーム「白光の剣」をつかいます。

まず、心のなかで「白光の剣」と言ってください。
そして、「この人に、ファンタジービームを当てたいな」と、あなたが思う人に、ファンタジービームを当てていきます。

イメージしてください。

ご自分の手に握りしめた「白光の剣」から、ほとばしるように、白い光が出ています。

その白い光がファンタジービームです。

このビームを相手に当てましょう。

心のなかに、相手を斬りそうな自分がいても大丈夫、斬ってください。

ファンタジービームは、愛の光です。

また、相手を斬っているように見えて、実はその人のなかにある闇を斬っているんです。

悪因を斬っているのです。

それがイメージできなくてもかまいません。

あなたは「白光の戦士」なのです。
心のなかで「白光の剣」と言えばいいのです。

「白光の戦士」であるあなたは「白光の剣」と言えば、
言ったと同時に、その手に「白光の剣」を握りしめていることになります。

「白光の剣」と言えば、秒殺で、闇が光にかわるんです。

それこそが、言霊《ことだま》の力なんです。

一人さんはこのように言っています。

＊＊＊

日本という国は、おもしろい国なんだよね。

神代の昔から、この国は、

「言霊の幸はふ国《さきわうくに》」

と呼ばれていたんだよ。


万葉集にも、言霊がたすける国だよ、という歌がある。


この国の言葉には言霊といって、神々の力が宿っているんだよ。

言霊が、いまココ現在と未来を左右する。

過去もかわっちゃうんだよ。

心技体《しんぎたい》、この三位一体がどうだとか言うけれど、そんなこと、一人さんは考えたことがないの。

なぜなら、私たちは言霊がたすける国の人間だから。

言霊の幸はふ国の人間は、言霊の力をつかって、いますぐ幸せになれるんだよ。

大いなる神が創った言葉だから、たとえば「幸せ」って言えば、言霊の霊力により、「そうなる」ように、なっているんだよ。

言霊の霊力って、ものすごいんだよ。

どんな悪因も絶ち、どんなケガレもはらい清める。

神社で、昔から続いている行事でも、「大祓詞《おおはらえのことば》」という言葉を唱えて、国全体をはらい清めたり、するんだよね。

だから、言ってごらん。

「白光の戦士」と言えば、その言霊の力によって、毎日、新しい自分に生まれかわるよ。

「白光の剣」と言えば、あなたの手には「白光の剣」が握られ、ファンタジービームで闇が光にかわる。

それが言霊の霊力というものなんです。

あなたはファンタジービームを当てる、それだけでいいのです。

引きこもりの弟を救いたい姉に起きた“神の奇跡”

“本当の弟の姿”を見せてくれたものの正体とは……

神奈川県　鈴木さちこさん

先日、はじめて舛岡はなゑ先生の講演会に参加してきました。

ファンタジービーム「白光の剣」をつかった、今までにない「楽しい妄想ワーク」を体験できるということで、とても楽しみにしていたのです。

まさかの展開が待ち受けているとは、まったく想定外でした。


「それでは、ワークをはじめましょう」

はなゑ先生の誘導で私は目を閉じ、「白光の剣」を手に持っている自分をイメージしようとしたら、ずっと部屋に引きこもっている私の弟の姿が見えたんです。

それと同時に、衝撃的なことがイメージの世界で起きました。

私は「白光の剣」を弟の首にふりおろしてしまって、「あっ！」。

首を落とされた体が、左右、二つに割れて、
なかから、生まれたばかりの、キラキラ輝いている弟が出てきて、

「あぁ、なんて、かわいらしいんだろう」という思いがわき出てきました。

信じてもらえないかもしれないのですが、
私は弟の首を斬り落としたのではないのです。

私ではない何者かが「闇を斬り落とそう」としている、
という根拠のない確信がありました。


講演会の後も、私は弟がこの現状から救いあげられることを祈って、
毎日毎日、弟にファンタジービームを当てました。

ズドンと大きな雷を弟に落として闇を斬り、はらい続けました。

そして、はなゑ先生の講演会から10日ほど経ったある日、実家から電話がかかってきました。

弟の靴はちゃんとあるのに、「弟が姿を消した」という連絡でした。

いいかげんにして！
私はこみあげてくる怒りを鎮めることができませんでした。
もう、みんなに迷惑かけないで!!と思いながら、
一晩中、弟にファンタジービームを当て続けていたら、
意外なものが見えてきました。

弟にかわってほしいと願うばかりの私が見えてきたのです。

本当にかわらなくてはいけないのはこの私だったのです。
弟自身が「引きこもっているなんて、なんだかバカバカしい」と思って外に出かけちゃうぐらい、私はめちゃくちゃ幸せにならなくちゃ。
いまから、ここから、私はそうなろうって思い直した瞬間、
私の心のなかがあたたかく、光でいっぱいになりました。

そして、次の瞬間「はっ？」として、私のなかに衝撃が走りました。

私たち家族は弟の存在を通じて「愛」を学ぶ、
弟は「愛」を教えてくれる存在なのかもしれないと思ったのです。
そしたら、なんて言ったらいいのでしょう。
あのとき以来、私の目に映る景色が、いつもと変わらないのに、
いつもと違って輝かしく見えるのです。
とても不思議な感覚です。
ありがとうございます。

こんなこともできる「白光の剣」のつかい方

愛の光に漬けこむ「愛の白光漬け」

「白光の誓い」を立て、晴れて「白光の戦士」になった人たちは、「白光の剣」をつかって、いろんなことをしています。

たとえば、あなたの心をざわざわさせる人が現れたとき、あるいは「この人は自分にとって、手ごわい修行相手だ」と思うような人が現れたときに、「愛の白光漬け」をします。やり方は簡単です。心のなかで「白光漬け」と言うのです。すると、「白光の剣」からほとばしり出たファンタジービームが相手の人を包み込んでしまいます。愛の光に漬けこんだ状態になるのです。そうすると、どうなりますかというと、実際にためしてみた方から体験談がたくさん寄せられています。

兵庫県の凜音さんから届いた、お客さまの「愛の白光漬け」体験報告を、以下に、ご紹介させていただきますね。

凜音さんからの「白光漬け」体験報告

心配な、あの人、この人、みんなに「白光漬け」!!

ウチのお客さまで、他人の心配をやめられない人がいます。

その人は心配というマイナスの波動を出しながら、他人のことをかまっちゃうんですね。その方は、一念発起して、心配な人をかたっぱしから「愛の白光漬け」にしたら、自分は「気」を盗られない、つまり、エネルギーを盗られなくなり、いちいち気にすることがなくなって、「すごく楽しい」と言ってました。

感じのよくない店員さんに「白光漬け」!!

別のお客さまの体験です。ウチのお客さまが、とあるお店に行ったとき、すごく嫌な感じの店員さんがいて、「愛の白光漬け」にして、「この人にすべての良きことが雪崩のごとく起きます」と心のなかで言った瞬間、その店員さんは、ふぁっとどこかへ立ち去ってしまったそうです。しばらくして戻ってきたのですが、そのとき、その店員さんはものすごくいい笑顔で、感じのいい人になっていたそうです。

怒鳴る夫に「白光漬け」!!

ある日、ウチのお客さまで既婚者の女性が、女子会に参加して、夜の12時前に帰宅したところ、ご主人が大荒れで、ものすごく怒っていたそうです。「映画を観に出かけるとは言ったけど、帰りの時間を言うの、忘れてた」と彼女は思ったのですが、事情を説明するのもなんだかな……と思って、ご主人を「愛の白光漬け」にしてその日は寝てしまったそうです。その翌日、ご主人は昨夜とうってかわっており、二人で仲よく映画を観に出かけたそうです。

何年も続く、姑のイヤミに「白光漬け」!!〜一日の奇跡

言葉づかいがよろしくないお姑さんのことを思うと、心が重たくなる、というお客さまがいました。たとえば、彼女が出かけるとき、明るく「行ってきまーす」と言うと、お姑さんは「もう帰ってこなくていいよ」と言うのだそうです。

彼女はずっと、お姑さんの心ない言葉にキズつけられながらも、それを隠し、明るく笑っていました。本心で、そう言っているわけではないんだし、と思いつつも、「その言葉は私をキズつけます。言わないでください」と、お姑さんに言えない自分がふがいなく、モヤモヤしていました。

そんなある日、「愛の白光漬け」のことを知り、お姑さんと、自分自身も、「愛の白光漬け」にしてみました。その翌日のことです。彼女の職場に、お姑さんが利用しているデイサービスの施設の方から電話があり「おばあちゃんの具合が悪くなった」とのこと。

彼女はすぐさま施設に駆けつけ、車でお姑さんを病院へ搬送。その途中、「あんたは神さまだよ。いないと困るわ!」とお姑さん。「昨日は私に『もう帰ってこなくていいよ』って言っていたのに〜」と言うと、お姑さんは「そんなの冗談だよ」と。

彼女は「わかっているけど、その言葉はやめてください、嫌なので」と、はじめて言えたそうです。お姑さんは「ごめんなさい」と言ってくれました。病院につき、血圧を測ると高すぎて測れないほどだったのですが、快方に向かい、その後、大好きなおしゃべりを二人で楽しんだそうです。

心強い味方に守られながら、ファンタジービームで悪因を断つ！

「白光の剣」を授かっている「白光の戦士」はいつも、どこにいても、天とつながっています。

鹿島さま、香取さまの御神威も、もちろん、いつもいただいています。

さらに、そのうえに「心強い味方」が、いつもあなたとともにいて、あなたを不幸に陥れようとする闇と、戦ってくれています。

たとえば、どんな人にも必ずついている「心強い味方」といえば、守護霊さまです。

あなたの守護霊さまは、あなたが幸せになることを、願っている存在です。

必ず、いいようにしてくれます。

それから、私は一人さんには龍神さまがついている気がするんです。
いつも、龍神さまが味方をしてくれているんです。

私、舛岡はなゑはというと、孔雀明王《くじゃくみょうおう》さまがついていると思っています。

クモやムカデなどの毒虫をムシャムシャ食べるクジャクのように、孔雀明王さまは、人の世の闇をどんどん食べるんです。
それでも、自分自身はいつも美しく、みんなにとっての〝光〟たらんとする。

〝光〟とは、ただ単に明るいのではありません。
周りの人に「私もこういう生き方をしたい」と思わせる、そういう生き方の見本となるような存在が〝光〟です。

かく言う私も、孔雀明王さまにあこがれていて、そういう生き方をしたいと思っています。

そう思っている存在が、いるんだとしたら、
その存在は必ずいつも
自分の味方についていてくれているんだよ。

って、昔、一人さんに教わりました。

「私はエンジェルさんが好きです」という人は、エンジェルさんがあなたの味方についてくれています。

「妖精たちが好き」という方には、たくさんの妖精たちが味方をしてくれます。

スーパーマンを味方につけている人もいるでしょう。

白馬に乗った王子さまを味方につけてもいいんです。

先日、講演会で「白光の剣」をお授けするのに、この話をしたら、アニメのキャラクターを、味方にしている人がたくさんいましたよ。

「プリキュア」や、「ピカチュウ」を出している人がいて、みなさん、とても楽しそうでした。

「ドラゴンボール」もステキですよね。

自分がワクワクして楽しいもの全部、総動員してください。

あなたがイメージする世界では、自分があこがれている存在、自分にとってのヒーロー、八百万《やおよろず》の神は、みんなあなたの味方で、いっしょに闇と戦ってくれます。

あなたは心強い味方を得て、闇に、ファンタジービームを当てるんです。

闇を斬って、光にかえるんです。

私、舛岡はなゑの講演を聞きにきてくれた人も
孔雀明王さまに助けられた

「白光の剣」で父を斬ったら怖いモンスターが出てきて……

私の講演会に参加して、「白光の剣」を授かったある女性は、
お父さんとの悪因を「白光の剣」で斬った際に、
孔雀明王さまが味方をしてくれたそうです。

ご本人の話によると、
「白光の剣」でお父さんを斬った割れ目から、恐ろしいモンスターが現れて、
「キャー！　助けて」と、叫んだら、鹿島さま、香取さま、
そして、孔雀明王さまも出てきてモンスターをやっつけてくれたそうです。
不思議なことに、彼女は、孔雀明王さまをイメージしなかったのに、
孔雀明王さまが出てきて助けてくれたそうです。

また彼女自身が言うには、お父さんは、根はいい人なのですが、
「がんばらない人間は価値がない」という厳しい観念を、
「正しい」と信じて、いままで生きてこられた人で、
娘であるその方にとっては、手ごわい修行相手だったそうです。
ところが、「白光の剣」でお父さんのなかにある闇を、
悪因を斬った日の翌日、なんと別人のようになっていたそうです。
「父から出ていたギラギラした、鼻息の荒い雰囲気は消え去り、
やわらかい人になっていました」と、彼女は言っていました。

ファンタジービームを当てた、その後のお楽しみ

ファンタジービームを当てたら、今度は、あなたの心がときめくようなこと、ワクワクするようなことを妄想しましょう。

「妄想を楽しむ」とは、一人さん曰く「自分で自分の人生の舵《かじ》をとる」ということ。簡単に言うと、自分で自分の機嫌をとることです。

人は、脳を意識的に働かせて楽しいことを考えようとしないと、自分自身を不幸に陥れるような観念――自分が幸せになることをゆるさない、そういう間違った観念――が、次から次へと、ひとりでにわき出るようになっています。

放っておくと、自分のなかにどんどん「闇」が広がってしまうんです。
でも、力まかせに、わき出てくる闇をぐっと押さえつけようとするとうまくいかない。
それが心の特徴です。
だから、一人さんは言うんです。

「妄想を楽しもうよ」って。

なぜなら、妄想を楽しむ心は、朝日がのぼるがごとく、闇が光にかわるからです。

＊＊＊

「一人さんは、いつも上気元※ですね」って、昔から、オレはそう言われるんです。
オレがいつも上気元なのは、いつもおもしろいことを考えているからなんです。

※上気元：一人さんは上機嫌を「上気元」と書きます。

それは、意識的にやっていることではなくて、ものごころついたころから、自然と身についたクセ、みたいなものなんです。

最近、自分がふだん、どんなことを考えているのか、ちゃんと見て、覚えておこうと思って、やってみたのね。そしたらね（笑）。

先日、マスコミの女性たちを官僚の人が口説いている音声がテレビで公開されたのを、たまたま観ているときに、「放送禁止用語だけで口説いたら、どうなるんだろう。ひと言も放送できないで、全部、ピー、ピーって音がなる（笑）」とか、一人さんはバカバカしいことを考えていたんだよね（笑）。

花粉一個いっこがTバックの女のコ、というのも、そうじゃない？

荒唐無稽《こうとうむけい》な妄想だよね。
でも、妄想すれば、上気元になっちゃうの。

ふつう、日常というのは、おもしろくない世界なの。
自分が上気元になるようなこと、自分に都合のいいことを妄想しない限り、上気元ではいられないんだよ。

だから、一人さんは、言うんだよ。
意識的に楽しい妄想をしようよ、って。

自分に都合のいい妄想が「いい」理由

楽しい妄想をして、日常を上気元で過ごす。

そうやって「自分で舵をとろう」としている人は、人間関係でも、仕事でも何でも、うまくいきます。

その理由について、一人さんはこう言います。

＊＊＊

人間関係でも、仕事でも何でもそうなんだけどね。

「自分も楽しくて、相手も楽しい」こと。

「自分にも都合がよくて、相手にも都合がいい」こと。

これさえできれば、何でも成功しちゃうんだよ。

ふだんから妄想して自分で自分の機嫌をとっている人は、その波動が周りに伝染して周りの人も上気元になっちゃうだけでなく、他人《ひと》を楽しませることもできるんだよ。

だから、ここでお店をつくったとしたら、このお店を繁盛させるには、どんな楽しいことをすればいいのかがわかる。

お客さまが、「あぁ、楽しかった、また来るね」と喜ぶ姿を見るためには、どうしたらいいのかがわかる。

「楽しいだけじゃ成功はできない」という意見もあるよね。

でも、一人さんに言わせると、楽しさが足りないから、うまくいかないの。

成功の秘訣は、常に「もっと楽しく」なんだよ。

一つ楽しいことができたら、次は「もっと楽しく」する。

その次も「もっと楽しく」「もっと楽しく」する。

「もっと楽しく」していくには、まず、自分が自分自身をもっと楽しませること。それができる人が、これからの、魂の時代のリーダーなの。

血がにじむほどの努力をして、相手を蹴落として自分があがっていこうという人は、遊ぶがごとく仕事をする人には勝てないんです。

自分も他人も楽しませる、ということが、仕事につながることを知っている人には、成功か大成功しかないんです。

心のなかでは、あなたが創造主です

私、舛岡はなゑも、ふだんから妄想を楽しんでいます。

私の場合、周りにいる人も、〝いい人〟しかいません。
両親も、子どもの自尊心を大切にする、いい親でした。
ですから、何かこうなってほしい、ということはないのですが、ワクワクする妄想をするのが、昔から大好きです。

私の心のなかは『スター・ウォーズ』の世界です。

地球全体を白光漬けにしています。

愛の光が地球を包んでいるんです。
そうすると、地球から、黒いもやもやが出てきて消えるんです。
闇が消えていくのです。
そういうイメージが見えます。

あなたは、あなたの妄想を楽しんでください。
心はそうやって、つかうものなのですよ。

世間の常識、人の目を気にすることだけに心をつかう、そのために、心があるのではないのです。
あなたの心は、あなたを中心に回っている世界です。

あなたの心のなかでは、あなたが創造主です。

心のなかで、あなたは、両手を羽根のように広げて空を飛ぶことができる。
あなたは何でもできるんです。
スーパーアイドルにもなれるんです。
片想いのあの人とも、恋人同士になれます。

自分にとって都合のいいことなんて、そうそう起きるものではない――そんな現実を生きている人でも心のなかは違います。

あなたの心のなかでは、あなたに都合のいいことばかりが起きるんです。

もし、そう思えないとしても大丈夫。
ファンタジービームで、自分自身を斬ってください。
心のなかで「白光の剣」と言って、
ファンタジービームを自分自身に向けるんです。

自分のなかにある闇が光にかわります。
悪因を斬ることができるんです。

それがファンタジービーム「白光の剣」です。

こんなこともできる「白光の剣」のつかい方～上級編

「白光の剣」で、愛を大きくする方法

たとえば、あなたのことをいつも怒鳴っている人がいるとします。
それは、親御さんかもしれないし、上司かもしれない。
こんな場合、心のなかで「白光の剣」と言って、
ファンタジービームで相手を斬る、というのが一般的なのですが、
それ以外に、こんなつかい方をすることもできます。
「白光の剣」と心のなかで言って、ファンタジービーム、
愛の光を相手の瞳に当てて、瞳のなかを見るんです。
※見たくない場合は「瞳をのぞく必要がない」というお知らせですので、見なくて大丈夫ですよ。
そうすると、ありのままのその人が見えます。
その人のなかにある、不安や恐れが見えてきます。
自分がやられて怖かったこと、悲しみ、不安、孤独などが、
いっぱいあるんです、その人のなかに。
それが見えたとき、もうその人は怖い人ではありません。

いっぱい心にキズを負った人なんだな、って。

それでも、この人はがんばって生きているんだ。本当は幸せになりたいのに、なり方がわからないだけなんだということがわかります。

そのように思えた人の心は天国です。

その波動により、いままでと違う展開が起きてきます。

最初からそのように思える人はまれです。でも、いまはそう思えなくても、やがて必ずその境地に至ります。そのためのツールが、ファンタジービーム「白光の剣」なのです。
心のなかにある恐れ、という闇を、
自分の闇も、他人の闇も、ファンタジービーム「白光の剣」は光にかえてくれます。

ファンタジービーム「白光の剣」で、楽しい妄想ワーク

まるで「白光の戦士誕生ライブ」
興奮と感動の、舛岡はなゑ講演会!!

茨城県　海老原良治さん

先日、北海道・帯広で、はなゑ先生の講演会に参加してきました。
もう本当にすごかった。
僕たちを、「白光の戦士としての自分」に、ひっぱりあげたり、
本来の自分に気づかせるパワーが、それはそれはすごかった。

一人さんファンなら、早く行くべきです。
はなゑ先生のファンなら、言わずもがな。

ずっと地獄言葉の多い世界に違和感を抱きながら生きてきたけど、自分自身の本当の役割や使命みたいなものに気づくときがとうとうきたのです。
僕たちは明るく楽しく、愛と光として生きるために生まれたのであって、グチや悪口を言いにきたんじゃないんです。

ということで、これはもう、癒しの講演会というより
「白光の戦士誕生ライブ！」と言ったほうがよいかもしれません。
過ぎてしまった過去も前世からの因果も何もかも一瞬でひっくり返し、
まるでお花畑のようなファンタジーの世界に誘《いざな》ってくれるのです。
帯広で僕が受けた感動はとても言葉で表せるものではなく、参加して体感する以外にないです、と伝えたくて今日の僕はとても熱いのです♪

自分を出しちゃいけない──間違った観念にしばられて生きてきた私

自分の殻を一瞬にして打ち破った、ものすごい妄想（笑）

栃木県　Maki《マキ》さん

ファンタジービーム「白光の剣」をつかった、はなゑ先生の「楽しい妄想ワーク」を受けるまで、私は人前で自分を表現することがとても苦手でした。

「こんなこと言っていいんだろうか」「みんなはどう思うだろうか」とか考えて、結局、何も言えなくなってしまうのが“お決まりのパターン”でした。

そんな自分を、私はかえたかった。少しがんばって自分をかえようとするんだけれども、結局、私は私をかえられずにいました。


ところが、はなゑ先生の講演会に母と一緒に参加して、はじめてファンタジービーム「白光の剣」を授かって「妄想ワーク」を体験した日から1週間後。再び母と一緒に、はなゑ先生の講演会に参加したところ、母は驚きのあまり呆然。というのは、私に奇跡が起きたからなんです。はなゑ先生が「ファンタジービーム『白光の剣』をつかって過去の思い出を楽しい物語に入れかえたら、こんな素敵なことがありましたよ！という方は手をあげてください」と呼びかけたとき、大勢の方の視線が集まるなかで、私は「はいっ！」と挙手をして自分の体験を語っちゃったんです！


私は昔から絵を描くのが好きでした。でも、自分の絵を人に見せることをずっと避けてきました。なぜなら、私の描いた絵には自分が表れているからです。自分を出すのが恥ずかしかったのです。誰も私のことを否定しないし、批判していないのに。私は、自分のなかにある「こうあらねばならない」という“間違った観念”で自分自身をがんじがらめにしばりあげていたんです。

それなのに、“自分のいま”を誰かのせいにしていたんです。

ということに気づいたのは、ファンタジービーム「白光の剣」を用いた「妄想ワーク」を受けた後のことでした。

はじめてはなゑ先生の講演会に参加して数日後、行きつけのお店で知り合った女性で、エステのサロンを経営している方に、

「ウチのお店のメニュー表にイラストを描いてくれる人を探しているの。シンデレラのように美しく、キラキラしているイメージで、あなた、イラストを描いてくれない」って。絵のお仕事をいただいたんです。

仕事として、絵を描くことができるなんて!!

夢のまた夢だと思っていたのに!!


はなゑ先生の講演会に参加して1週間後、再び講演会に参加した私は、「妄想ワーク」のときに、それまで忘れていた、嫌な思い出を思い出しました。

以前、私のイラストが批判されたときのことを思い出したのです。

その思い出に私はファンタジービームを当てて、そこの場面を切り取り、妄想をはじめました。私のなかは一瞬のうちに幸せでいっぱいになりました。

それからしばらくして、再び、私は妄想をしました。それはこんな妄想でした。私が描いた絵が世界中のみなさんに感動を与えているんです。

そして、私の絵はオークションにかけられて高額で落札されました。

私はすごくリッチになりました。

少し前の私には創造できなかった世界です。そんな妄想は「しちゃいけない」と思っていました。それができるようになったんです。

実際にやってみたら簡単で、妄想ってこんなに楽しかったんだ、って。

幸せって、こんなにも簡単になれるんだ、って思いました。

第2章

不幸は幻
自分以外は
みな幻

誰も知らなかった、
過去のトラウマが
ハッピーエンドの
物語にかわる魔法

幸せは幸せを生み、
成功は成功を生む。
成功の道に、不幸はない。

一人さんはそう言います。

みんな、カン違いをしているんだよ。
幸せって、遠くにあるものだと思ってるけど、
本当は、いま、ここにあるんだよ。
「ある」って、気づけばいいの。

それが、心が豊かになる、ということ。

キリストも言っているよ。

幸せな人にさらにもっと幸せが集まりますよ、
豊かな人に豊かさが集まりますよ、って。

だから、まず先に心が豊かになっちゃうことが大切なんだよ。

精神的に豊かになるためには、まず、心のなかでわだかまっているもの、過去の嫌な思い出に、ファンタジービームを当てることです。

なぜなら、あなたはその闇を見つめてばかりいるからです。
だから、幸せに気づかないのです。

ファンタジービーム「白光《はっこう》の剣《つるぎ》」で、どんな過去も、ハッピーエンドの物語に書きかえましょう。

書きかえた瞬間、人生はかわります。

いまここで幸せになれるんです。
いま幸せになれば、明日はさらに幸せなのです。

不幸はカン違い？

世界中で人気のコミックの一つに、『ピーナッツ』があります。
日本では『スヌーピーとゆかいな仲間たち』というタイトルで新聞で連載されたり、アニメになったりしています。

スヌーピーという名前のビーグル犬とその飼い主、チャーリー・ブラウン、二人のかけあいが、クスッと笑えるけど、哲学的な、〝深いい話〟だったりします。

たとえば、鳥が飛び立つのを見ていて、チャーリー・ブラウンは、

「ここが嫌になったのか」

と思って、さみしい気持ちになりました。

一方のスヌーピーは、

「もっといいエサ場が見つかったんだ」

と言って喜ぶのです。

同じものを見ているのに、両者の反応はまったく真逆になってしまうんです。

それを読んだとき、私は確信をしました。

「目」というのは、起きた現象をありのままに見ているわけではないんだな、って。

一人さんは言います。


人は過去を引きずって生きているんだよ。

って。

過去にすり込まれた、
〝観念〟（思い込み、カン違い）
あるいは、そのイメージが、
一日に、五～六万個以上、
ひとりでにわきあがってくるのだそうです。

そういう過去の産物を通して、人は現実を見ています。

ありのままの現実を見ているのではないのです。
色眼鏡をかけて目の前に起きることを見ています。

脳を意識的に働かせようとしていないときに、スイッチが入り、過去にすり込まれた〝観念〟がひとりでにわき出てくるそうです。

人は、それによって瞬時の判断ができるようになります。それが〝いい目〟に出ることもありますが、自分を不幸にするような状況を引き寄せてしまうことも少なくないのです。

おすすめの映画『ネバーエンディング・ストーリー』

ファンタジーのなかの“真理”

『ネバーエンディング・ストーリー』は、私が好きな映画の一つです。この映画は、内気な少年バスチアンが、ひょんなことから飛び込んだ本屋さんで、偶然『ネバーエンディング・ストーリー』という題名の本を手に取ったところから物語が始まる、ファンタジー・アドベンチャー。とってもおもしろくて、ワクワクします。おすすめの映画ですよ。

不思議な国ファンタージェンでは、存在していたものがなくなってしまう、「無」という現象があちらこちらで起きている。それをなんとかしようと立ち上がった勇者の物語を、バスチアンは夢中になって読んでいるんです。人間が夢と希望を捨ててしまったために「無」がどんどん広がって、ファンタージェンは最終的には一粒の砂になってしまいます。でも、夢と希望からまた新しい世界が創られるということを、バスチアンは物語の世界のなかに入って、学ぶんです。


夢と希望から世界が創られるとは、意識が世界を創造するということです。これって実は、一人さんから昔、私たち弟子が教わったことなんです。

最近は量子物理学でも、意識が世界を創造するということが証明されてきていますが、私たち弟子は、科学的証明がされる前から、教わっていたんです。

この宇宙空間には一つのエネルギーがある。

このエネルギーは、意識（思い）を介在させることによって物質化するんだよ、って。すべてのモノは思いからできているんだよ、って教わりました。

この“真理”を『ネバーエンディング・ストーリー』でも伝えていたなんて、最初、この映画を観たときは全然、気がつきませんでした。いまになって気づいたのは、きっと私の意識の問題に違いありません。意識することによって見えなかった“真理”が姿を現した \(^o^)/

潜在意識は、妄想と現実の区別がつかない

過去の産物のなかでも、より人生を左右するのは、心の奥の奥（潜在意識）に植えつけられた〝観念〟なんだそうです。

たとえば「私には、なぜか自分に都合のいいことばかり起きる」という〝観念〟が潜在意識にある人には、実際、なぜか自分に都合のいいことばかり起きます。

一方、「そんな都合のいいことはありえない」とか、「都合のいいことが自分に起きるはずがない」とか、自分が幸せになることを自分自身に許可しない〝観念〟が潜在意識のなかにある人は、実際、がんばってもがんばっても報われない。

都合のいいことは起きません。

あなたはどちらの人生がいいですか？
がんばってもがんばっても報われない人生ですか？

そんなこと、誰も望んでなんかいないでしょう。
幸せになりたいですよね。

だったら、自分で舵をしっかりとりましょう。

どうやって舵をとるんですか、というと、
これでもか、というぐらい、自分に都合のいい妄想をするんです。

潜在意識は、妄想と、現実の区別がつきません。
楽しく、ワクワクする妄想をしていると、やがて必ず現実に勝つ。

なんだかよくわからないけれど、自分にはいいことしか起きない、ような気がしてくるのです。

自分にとって嫌な過去にファンタジービーム

一人さんがドライブを楽しんでいると、悲しみがひとりでにわいてくる道があるそうです。

その道は、一人さんが何代か前の過去世で、お坊さんの格好をして、たった一人で歩いた道だったそうです。

そのときのことは、ふだん忘れているのですが、その道にくると、あのとき感じた思い、気持ちがフラッシュバックして、一人さんは悲しくなってしまうのだそうです。

過去の思い出、前世の記憶はいまも心のどこか、潜在意識のなかに残っていて、現在の自分に影響を与えているのです。

けれど、一人さんは言うんですね。

「**過去はかえられるよ**」って。

過去の嫌な思い出は、幸せな物語に書きかえることができます。

そんなことが可能なんですかって？

はい、もちろん、可能です。

まずは、ファンタジービーム「白光の剣」で、嫌な思い出を消しましょう。

イメージしてください。

あなたの過去の記憶は、一本の映画フィルムです。

そのフィルムの「嫌な思い出の部分」にファンタジービームを当てて消去します。

消去したその部分に、ハッピーエンドの物語をはめ込みます。

ハッピーエンドの物語は、イマジネーション。自分に都合のいい妄想を楽しめばいいんです。

楽しい妄想は、嫌な記憶に勝ります。

「白光の剣」と楽しい妄想により、嫌な思い出をハッピーエンドにかえることができるんです。

一人さんも、「白光の剣」で、悲しい思い出にファンタジービームを当てて、消去しました。

そして、「Tバックをはいたステキな女性を、左に一〇人、右に一〇人ずつ連れて、この道を歩いた」という、一人さんにとって都合のいい物語と入れかえたそうです。

それ以来、一人さんはこの道にきても、にこにこ笑って上気元、窓の外の景色をながめるようになりました。

妄想が暴走

嫌なことを思い出したとき、その出来事を、ちょっとよくしたぐらいでは、嫌な思い出はかわりません。

だから、妄想をするんです。

それも、思いっきりバカバカしくて、思いっきり楽しくて、思いっきり自分に都合のいい妄想をして、嫌な思い出と入れかえるといいそうです。

一人さんはこう言います。

＊＊＊

潜在意識というのは、現実と妄想の区別がつかないの。

妄想か、現実なのかは、どうでもいいんだよね。

楽しいほう、より楽しいほうに意識が向かっちゃうように、人間の脳はできているんだよ。

だから、楽しく妄想すればいいんだ。

過去はかわらないんじゃないの。
嫌な思い出、自分に都合が悪くて、忘れたい過去は、妄想で、かわっちゃうんだよ。

たとえば、過去世で自分は岩盤に挟まれて亡くなった、という思いが浮かんだとしたら、Tバックの女性たちに挟まれている自分を妄想するの（笑）。
そうすると、そっちのほうが自分が楽しいんだとしたら、自分のなかの闇が一つ消えて光になる。

潜在意識なんて、意外といいかげんなの。
嫌な思い出を、自分に都合のいい物語に置きかえるなんて、わけないんだよ。

これは〝神のしくみ〟なんだよ。
そうやって人は楽しく幸せに生きられるようになっているんだよ、って。

これでもか、というぐらい、自分に都合のいいことを妄想すると、いまワクワクして幸せになるの。

だから、ファンタジービーム「白光の剣」って、闇に対しては、秒殺なんだよね。

ひとたび、「白光の剣」を抜けば、フツヌシノカミさまがフツフツと、楽しい考え、ひらめきがわいてくるように、「白光の剣」が手伝ってくれる。
ワクワクする妄想ができるようになっているんだよ。

今世《こんせい》、この人生をどうやって楽しく生きるか

私の知り合いの女性に「白光の戦士」がいます。

「白光の剣」をお授けしたとき、私は彼女に「愛の白光漬け」（82ページコラム参照）を教えました。


その後、彼女は自分の友だちを「愛の白光漬け」にしたそうです。


友だちは女性で、既婚者です。

赤ちゃんがほしくて、不妊治療を続けていました。

この方は、ロックがかかっていて、最初はなかなか、一回目に受精卵を着床させるときも、二回目の着床のときも、自分がお腹のなかに子を宿したイメージを見ること

ができなかったんです。

けれど、私の知人が彼女を「愛の白光漬け」にしたとき、はじめて赤ちゃんができて、お腹が大きくなったイメージが浮かんだそうです。

知人から、この話を聞いたとき、私はとてもうれしくて、心のなかで神さまに手を合わせました。

そして、気づいたんです。

私はよく「白光の剣は闇を斬る」と言っていたのですが、まだまだ、わかっていなかった。

「闇を斬る」とは、こういうことです。

タケミカヅチノカミさま、フツヌシノカミさまが、みんなのなかにある闇、「楽しい想像ができない」という、自分のなかにあるネガティブなものを斬っているんです。

つまり、悪い因果を、断ち切っているんです。

ファンタジービーム「白光の剣」の愛の光を当てる回数を重ねれば重ねるほど、心は自由になり、自然とわいてくるのです。

ワクワク楽しくて、ハッピーになっちゃうイメージが。

もう、これでもか、というぐらい自分に都合のいい妄想が（笑）。

＊＊＊

「現実がともなわなくてはダメだ」

という意見が大勢を占めるんだよな。

それがいけない、と言っているんじゃないんだよ。

一人さんだって、Ｔバックの女性の妄想をするけど（笑）。

現実に起きることって、いきなりＴバックの女性が目の前に現れたりはしないんだよな（笑）。

それでもいいんだよ。

だって、オレは妄想していると楽しいんだよ。

人というのは、何のために生まれるのか。

「魂の成長」のために生まれる。

「魂の成長」とは、神の愛に近づくことである。

という言い方をすることもできる。

また別の言い方にかえて言うと、
人間は今世、この人生をどうやって楽しく生きるか。
この人生を楽しく生きるために生まれてきたんだよ。
楽しく生きることが、地球の光を増やす。

じゃあ、どうしたら、楽しく生きられますか、と言ったとき、やり方はいろいろあるよね。
そのうちの一つが妄想なんだよ。

だから、妄想というのは、いまここで楽しく、いまを幸せに生きる知恵みたいなものなんだよ。

わかるかい？

妄想通りに現実がかわる必要はない。
人をかえるためにやるものではないんだ。
自分が楽しくなればいいんだよ。
心がワクワクしているとき、神のひらめきをキャッチする脳波が出るんだよ。
天にチャンネルを合わせているのといっしょなの。

ワクワク感は天とつながるパイプみたいな、「天の浮橋《あめのうきはし》」みたいなものだよな。

「天の浮橋」というのは、天と地の間にかかる橋のこと。
神さまが地上に降りるための通路なんだよ。
ワクワクしていると、天の浮橋ができる、天とつながるんだよね。

ワクワクするような妄想をして楽しく生きていると、だんだんと、現実がかわってくるんだよ。

あとは、あなたが幸せになるように、神さまがうまくやってくれるの。

妄想が暴走して一人さんがやってきた

親から「これやっちゃダメ」「あれやっちゃダメ」

「こうしなきゃ、あなたはダメになっちゃうよ」

というようなことを言われた記憶が、私にはありません。

親の表情や言動から、

「そのままの私ではダメなんだ」

とカン違いしたこともありません。

ただ、私もカン違いはしていたんです。

カン違いというか、根拠のない確信が、まずあったのです。

私は素晴らしい人生を送るに価《あたい》する人間なんだ、自分という存在は唯一無二の、尊《とうと》い存在なんだ、って。

そういう思いが、根拠のない自信が、子どものころから、自分のなかに、ゆるぎなくありました。

自分の人生というものに関して、いいイメージしかなかったんです。

そして実際に私は、常に楽しくて、自分がハッピーで、なぜか、自分に都合のいいことが起きる世界に生きていたんですね。

なぜか不思議と、たいていのことは常にうまくいったんです。

今世この人生で一つだけ、自分の思う通りにいかなかった、うまくいかなかったことがありました。

それは、「十夢想家《トムソーヤ》」という喫茶店をやったときです。

あまりにも儲《もう》からなかったのです（笑）。

最初は、なんで、こうなったんだろう、なんで、思う通りにならないんだろう、って。「絶対成功してやる」って思っていたのに、なんで、こんなにうまくいかないの？

意味がわからなかった。

目の前の現実に圧倒されてしまいそうでした。

ネガティブなもののとらえ方をあまりしない私でさえ、よくなる方向に進んでいるとは思えなかったんです。お店がうまくいくイメージが持てなかった。

ふつうの人だったら、なおさらです。思えるわけがない。

そこで私は、いったん現実から、目をそらしました。
現実とはまったく接点がないこと。
マンガの世界とか、『スター・ウォーズ』とか。
『ネバーエンディング・ストーリー』とか。
そういう非現実な世界に遊んでいました。

すごいお金持ちの王子さまが助けにきてくれる、って（笑）。
そんな妄想をしてワクワクしていたんです（笑）。

他にも、ワクワクする妄想、たくさんしていましたよ。
ココのお店の前に外車がいっぱい停まっているんです。
外車に乗るようなお客さまで、ウチのお店はにぎわっている、とかって（笑）。

他の人には言えないような妄想が暴走する毎日でした（笑）。

毎日、現実を忘れ、ワクワクしていました。

そしたら、ある日突然、一人さんがウチのお店にふらっと入ってきたんです。

ジャイホー[※]！

※ジャイホー：ヒンディ語で「万歳」という意味。

現実こそがファンタジー

「人生はゲームなんだ。

あなたが主役のゲームだよ」

突然、ふらっと「十夢想家」へやってきた一人さんは、いつも、そう言っていました。

「なるほど、その通り」と、私は思ったんです。

人生は、まるでゲームなんです。

ゲームのなかでは、いまのステージをクリアするときに超えなきゃいけないものがある。

それが、ボス※キャラだったりするじゃない？

ボスキャラを攻略して、ステージをクリアして、次のステージに進んで、っていう。

人生も、それといっしょなんです。

困難や失敗を通して、自分のステージを一つ上げていく。

※ボスキャラ：ゲームで、プレイヤーの行く手を阻む登場人物のこと。

人はみな「魂の成長」のために生まれます。
だから、生きていると、いろんなことが起きるんです。
困難や失敗が、また一歩、神の愛に私を近づけてくれるんです。

すべては、神さまのおはからい、「神はからい」なんだ、って。
そう思えばいいんです。
何が自分にとって〝いいこと〟なのか、
わからなくてもいいんです。
「神はからい」なんだ、自分には〝いいこと〟しか起きない、という思いをもてれば
いいのです。

そこに至るまでが、愛と恐れ、光と闇との戦いです。
自分のなかにある光と闇との戦い、それが人生です。

そして、この世の中はみな幻です。


自分の思いをかえると、その思いの現象にやがて必ず出合います。

現実こそが、壮大なファンタジーだったんです。

自分がかつて思ったことが、いま目の前の現実なんです。


私も最初は「そんなバカな！」と思ったんです。

でも、「自分は不幸だ」と思っている人には不幸なことが起き、「幸せだ」と思っている人には幸せなことが起きるんです。


だから、自分の思いをかえるんです。

モヤモヤしたり、イライラしたり、悲しくなったり、つらくなるような思いをしている自分に気づいたら、まず思い出すことです。

「神はからい」という言葉を思い出すんです。

神さまは必ず、自分にとって〝いいこと〟しか起こさない。

私たちは今世この人生を楽しむために生まれてきたんだと、思い出してください。


そして、ワクワクするような妄想をしましょう。


そのためのアイテムはすでに、みなさんに与えられています。

そうです、ファンタジービーム「白光の剣」のことです。

「白光の剣」をもっている、ということは、あなたはすでに天の神さまとつながっています。


「白光の剣」をつかって、ワクワク楽しい妄想をすればするほど、さらに天とつながるパイプが太くなります。
妄想を楽しむ豊かな心が、さらなる豊かさを引き寄せます。
それが、宇宙の法則なんです。

ゆるせなかった弟にファンタジービーム　ビビッ

ハッピーエンドの妄想が運んできた「ゆるしの境地」

神奈川県　石井幸子さん

はなちゃんの講演会がある少し前に、ずっと忘れていたことを思い出しました。悲しい思い出でした。そのことで私はずっと弟のことがゆるせなかったのです。

私は、そこの、過去のフィルムを「白光の剣」でビューッと燃やし、弟のほうは「白光の剣」が放つ白光でつくった「愛のカプセル」に入れて、ピューンと宇宙に飛ばしました。

そして、私は自分自身を白光で包んで「愛のカプセル」に入れて、弟に対して「あのとき、あんなことされて嫌だったな」っていう自分の気持ちを見ていました。


そしたら、それまで何をやっても手放せなかった、弟に対する思いがなぜか簡単に解放できて、弟のことがどうでもよくなっちゃったんです。


ちなみに、それは、どんな思い出だったかというと、私が子どものころ、ウチの近所に『101匹わんちゃん』に出てくるのと同じ、ダルメシアンがいて、その子が、赤ちゃんを産んだんですね。

弟が「かわいい」「かわいい」と言っていたら、そのワンちゃんたちを飼っているおじさんが、そのうちの一匹をウチにくれたんです。

そのワンちゃんは散歩するときに、いつもコケるんですね。私たちはそのことを深刻に受け止めず「また転んじゃったのね」って、ほほえましく見ていたんです。

ところが、元飼い主のおじさんはそうではなかった。ある日、脚を治すのに病院に連れて行くと言って、おじさんが、ワンちゃんを連れて行ってしまったんです。

ちょっとおかしいな、と私は思って、それを母親に話したら、母は殺されちゃうんじゃないかと思ったらしくて、弟に「おじさんにこの子、渡しちゃダメよ」って。

おじさんはいい子孫を残そう（このワンちゃんを処分しよう）とするだろうと思った母は弟に「絶対、渡しちゃいけないよ」と言ったのに、弟はおじさんに渡してしまって。

母はすぐに、おじさんに「ウチは、あのコがかわいくてもらったのよ！いい犬だからもらったんじゃない！」って抗議をしに行ったんです。

そのときにはもう処分されていたと思うんですけど。

それで母はウチの父の前ですごい大泣きした、ということを思い出したんです。

ずっと忘れてたんですけど、急に思い出して、すごく悲しくて。

思い出すたびに泣いていたんですね。


でも、「白光の剣」で自分自身を「愛のカプセル」に入れたとき、あのとき弟は子どもだったから、おじさんにうまく言えなかったんだな、とか。

おじさんがワンちゃんを連れて行ったのは、ウチに不良品をあげてしまったと思ったんだな、とか。

「あぁ、そういえば、あのあと、おじさん、ウチに謝りにきたわ！」って。

いろんなことが見えてきて、人をゆるすことが簡単にできたんです。


そしたらね、あのワンちゃんを、私のイメージのなかで、私はいつも抱っこしているんです。すると幸せな思いがあふれてきたんです。


そしたら、ウチの母のこともね。

私は母が父に文句ばかり言っていた記憶があったんですが、「いや、あの二人、結構仲よかったなあ」とか、いままで自分に見えていなかった幸せなことが、どんどん見えてきて。


一人さんが言っていた「過去がかわる」って本当だったんだ、って。

自分が体験してみて、わかりました。

第3章

人生がかわるとき、目の前の景色がかわる

「おとぎ話、読んで、読んで」

って、チビっ子たちにせがまれたりしませんか？

もしくは、子どものころ、おとぎ話を聞くのが好きだった、という人もいるでしょう。

それって、遠い昔、何代も前の過去世での思い出、悲しい思いだとか、ゆるせない思い、怒りとかをキレイにしたいんです。

あのときグッとガマンした負の感情が、いまも解放されないまま、心の奥の奥のほうで、わだかまっているんです。

そういうモヤモヤしたものを、魂は晴らしたい。

キレイにしたくて、「おとぎ話、読んで」って。

王子さまが悪者から助けてくれたりとか、魔法使いがチチンプイプイ♪

いじめられっ子がお姫さまに変身したり、ヒーローみたいになって、いじめた人たちを「ぎゃふん」といわせる。

そんなおとぎ話の世界で遊んでいると、モヤモヤしていたものがキレイになっちゃうんです。

ワケもなくモヤモヤするのは、

「キレイにしてください」

というサインなんだ、って言いたいんです。

忘れたい思い出にファンタジービーム

映画とか、お芝居とか、本で、

「これ、観たいなあ」

というものがあったら呼ばれてみてください。

悲しい映画を観たかったら、悲しい映画を観るといいですよ。

なぜなら、悲しい映画を観て悲しみを味わい、それを利用して泣きたいんです、魂は。

自分のなかにある悲しみに気づいて、

「悲しかったんだ」

って、認めたときに浄化される。


でも、なかには、自分が見たくないものがあるでしょう。

たとえば、つらい思い出だとか、恥ずかしい思い出とか、忘れたい過去ってあるでしょう。

誰かのことをうらやましいと思っている自分だったり、あの人のことを嫉妬している自分、あの人、嫌だなと思っている自分のことは見たくない。

見て見ぬふりをしたくなるのが自然の感情というものです。

私の場合は、テレビや映画の、動物ものって、積極的に観ようとしなかったんです。

それはなぜなのか、最近わかりました。

動物のことで悲しい思いをしたことがあるんです。

そのときの思いが、心の奥の奥に残っていた、ということに気づいたんです。

私は幸せな子ども時代を過ごしました。

ものごころついてからずっと、自尊心をキズつけられた思い出がないのです。

でも、悲しい気持ちが心の奥に残っていました。

私が、ちっちゃかったころ、家で飼ってたワンちゃんがいなくなったのです。
私は、迷子になって保健所につかまってはたいへんだと思って、
周りの大人たちに「なんとかしてあげて！」「助けに行こうよ」ってお願いしたのに、
誰も聞いてくれなかった。

また、ある日、ネコちゃんも急にいなくなって、親に聞くと、
「お菓子屋さんにあげたから、ネコは幸せだ」と。
私は、子どもごころにも、すごく納得がいかなくて。

でも、大人たちは、ワンちゃんやネコちゃんが光の国に旅立ったことを、チビっ子の私に言えなかったんですね。
私がすごく大切にしていたから。

私はそんな事情なんて知らないから、嫌なことだから見ないようにして、そして忘れてしまったんです。

でも、最近、その思い出がふと浮かんできたんです。

お風呂場で、突然、涙が出てきて、

「えっ、私、こんなにガマンしてたんだ」

って思いました。

そして、その場で、その思い出にファンタジービームを当てて、幸せな妄想をしました。

過去の、その部分を書きかえたんです。

その、ワンちゃんやネコちゃんは、いま、あちらで、お役目があって、毎日すごく楽しくて。

あちらでは、すごく高貴な存在で、私のことも見守ってくれている。

いつもいっしょにいてくれている、という妄想をしました。


みなさんにも、自分にとって「これはショックだったな」という思い出があると思うんです。

それが見つかったら一個ずつ、ファンタジービーム「白光《はっこう》の剣《つるぎ》」を当ててください。

そして、楽しい妄想をして、その思い出と入れかえてみてください。

もちろん、「愛の白光漬け」でもいいですよ。

とにかく、自分のなかにある闇を一個ずつ光にかえてください。
楽しい思い出と入れかえていったときに、
不幸はカン違いだった、ということがわかります。

そして、やがて必ず気づきます。

すべては「神はからい」で起きたことだったと気づくんです。
そのとき、ガラッと、人生がかわる。
目の前の景色が、かわるんです。

後悔、反省にファンタジービーム

なかには、他人に自分がやられて嫌だったことではなくて、
「自分は昔、こんなこと、やっちゃった」
「こうしてあげればよかったのに自分は」って、
後悔が心のどこかにあって、
自分を責めていることがあると思うんです。

あんなことをしてキズつけちゃった、とか。

あんなふうに言っちゃった、とか。

あるじゃない？

申し訳ない気持ちが、そのまま残っていたりするんです。

罪悪感がずっと消えないんです。


罪悪感をもち続けていると、ケガや事故を引き寄せることもあるのです。

だから、「申し訳ないことをした」という思い出を書きかえましょう。


「自分は昔、こんなこと、やっちゃった」

「こうしてあげればよかったのに、自分は」

そういう思い出にファンタジービームを当てましょう。

その思い出をつかんでしまっている自分自身を「白光の剣」で斬るのもいいでしょう。

罪悪感という、魂につくホコリのようなもの、つまりケガレを、「白光の剣」ははらってくれると、一人さんは言います。

＊＊＊

西洋では、間違いをおかすと、懺悔《ざんげ》をしに行くじゃない？

自分がおかした罪を告白して、神にゆるしをこうんだけど、それだと、自分はこんな罪をおかしてしまったという思い出を心がつかんじゃう。

反省をする、ということ自体が、それにとらわれて、罪の意識が消えないことが多いんだよ。

そうすると、魂にあらたに、罪悪感というケガレがつくんだよ。

日本古来の考え方では、間違いをおかしても魂にケガレがつくだけなんだよ。

ケガレって、ホコリのようなものだ、というとらえ方なんだよ。

ホコリって、はたきやなんかで、はらえばとれるじゃない？

魂についたケガレも、それと同じで、はらえばゆるされちゃう。

神社にお参りをして、ケガレをはらい、参道（産道）を通って出てくると、生まれかわって、別の人になって出てくるの。

「白光の剣」で自分を斬るのは、それと同じ。

ファンタジービームでケガレをはらって魂を浄化できちゃうんだよ。

「助けるべきなのに、助けなかった」と、自分を責めるとき

たとえば、私もね、社長たちとドライブに出かけたとき、車の多い道路のわきに、ひかれちゃった動物を、一瞬見ちゃった。

「あっ」と思ったけれど、車は停まれなかったんです。

「あぁ……」

私はその場でファンタジービームをして、その魂が光の国に戻って、毎日、楽しく過ごしているイメージをしました。

ここで、一つ覚えておくといいことがあるので、みなさんに、お伝えしますね。

魂というのはね。

人間もそうなんですよ。

はた目には、亡くなるときに虫の息でもだえ苦しんでいるように見えても、実は、当人は苦しくないんです。

亡くなる間際には魂は抜けちゃっていて苦しくないんです。

苦しんでいた人を見送った思い出がある人は、「苦しんでいなかったんだ」って、まず、自分の認識をかえることです。

「白光の剣」の愛の光を、その思い出に当ててください。

そして、楽しい思い出に書きかえるんです。


自分は助けてあげられなかった、という思いを引きずって、あなたは、すごく苦しんでいるんだけれど、その人は、あなたを苦しめるために生きたのではないんです。

だから、もっと幸せな妄想をしなきゃ。


みっちゃん先生※の場合はさっきお話しした、ひかれちゃったネコちゃんのことを、こういう感じにストーリーをかえていました。

※みっちゃん先生：一人さんの弟子で、まるかんの社長をしている。

自分は助けられなかったけど、その後、やさしい方がやってきて、そのネコちゃんを抱えて病院につれて行ったら、ネコちゃんは元気になり、やさしい方の家でかわいがられた。

というストーリーにかえていました。

みなさんが「こうしてあげられなかった」という思い出を書きかえるときは、みなさんが「こうあってほしい」と思うストーリーに、自分が安心するようなストーリーにしてください。

何度も言います。

心のなかは何を思おうと自由です。

そして、忘れないでください。

寿命が近づいてくると魂はもう抜けているんです。
それは本当なんです。
動物もそう、抜けているんです。

神さまは、要《い》らない苦しみは与えないのです。

目上の人との関係で“お知らせ”がきたとき

あるとき、右のまぶたが重いと、訴える女性がいました。

目の上に、いつもと違う感じが出ている場合、「目上の人」のことで、お知らせがきていることがあります。

この女性の場合、その症状が右側に出ていましたので（右側に出るときは相手が女性のことが多い）、目上の女性との関係でお知らせがきているのかもしれない。

私はそう考えて、彼女にたずねました。

「間違っていたらごめんなさいね。

あなたは『ウチのお母さんは不幸だった』って思っていませんか？」って。

「はい、思っています」と、彼女は言いました。

私はすかさず言いました。

「もしかしたら、あなたのお母さんは、不幸ではなかったかもしれませんよ」

「えっ」彼女は驚いて、「もしかして、私のカン違いなんですか？」

「そうかもしれませんね」

私は言いました。

彼女のように「ウチのお母さんは不幸だった」
というカン違いをしている人は、実は少なくありません。

家のなかがたいへんで、ウチのお母さんは苦労のしっぱなしだった、とか、その子どもさんは思っているんです。


でも、お母さんに「苦労しましたか？」と、たずねると、

「いいえ。私は幸せでしたよ」

って、みなさん言うんです。


無理して言っているのか、いないのか、本人にたずねると、

「全然、無理してないよ」って言います。

「旦那や、お姑さんとかに、言いたいことを言いすぎちゃって、少し大人しくしてようかなと思っていましたよ」とか言うんですね。

何を言いたいのかというとね。

「お母さんは幸せではなかった」と思っているのだとしたら、お母さんが不幸そうにしている思い出にファンタジービームを当てて消しちゃってください。

そして、幸せなお母さんをイメージしてほしいのです。

魂は自分自身を磨きたくてしかたがない

あなたの目に映るお母さんは、お父さんやおばあさんにいろいろ言われて、かわいそうなお母さんだったのかもしれません。

でも、お母さんはそういう環境で自分の魂を磨き、「愛」を学ぶ人生を選んで生まれてきたんです。


その意味で、お母さんの魂は、自分が生きたいように生きたんです。

お父さんとおばあさんは、お母さんの意思を尊重して魂磨きを手伝っただけなんです。


あなたはあなたで、いま置かれた環境でやるべきことがあるんです。

まずは、ファンタジービームで、

「ウチのお母さんは苦労ばかりしてかわいそう」

という思い出を消してあげてください。


そして、「ウチのお母さんは、自分の魂を磨くために、あえて、この家に嫁ぐという人生を選んで生まれてきた、素晴らしい魂なんだ」

という目でお母さんを見てあげて、幸せなお母さんをイメージしましょう。

子どもがひとたび、
「ウチのお母さんは苦労のし通しで、かわいそうだった」
と思い込んでしまうと、自分は幸せになっちゃいけないような気がしてしまうんです。

自ら、幸せから遠ざかろうとしてしまうんです。

だから、「かわいそうなお母さん」という思い出を消してほしいのです。
あなたの幸せのためにも、お母さんの幸せのためにも、お母さんを「白光漬け」にしてください。

「幸せいっぱいなお母さん」というイメージがわいてきます。

不幸はカン違い。全然、カン違いなんです。
同じカン違いをするのなら、幸せなカン違いをしてください。

思い出を書きかえるんです。
こうあってほしいと思う、ステキな家族を妄想しましょう。
すると、あなたはいまここで幸せになります。
あなたの未来も明るくなるんです。

嫌な過去を引きずって、いい未来がくることはありません。
気持ちのいい物語に書きかえてください。

あなたが生まれてきた本当の目的

「過去を書きかえる」という話を聞いて、あなたがもし「自分に嫌なことをした、あの人をゆるさなくては」と思ったとしたら、それは誤解です。

自分に嫌なことをしてきたその相手をゆるしましょう、その人と仲よくしましょう、と言っているのではありません。

いったんは、相手がしていることを、「嫌だな」と思っている自分がいることを認めてください。

思いはとめることはできません。とめなくていいのです。

そして、ファンタジービーム「白光の剣」をつかって、闇をはらうのです。

闇をはらえば、本来のあなたである「愛」が出てきます。

幸せなイメージが自然とわくのです。

嫌な思い出が浮かぶたびにそれは「白光の剣」で斬ってください。

斬れば斬るほど闇ははらわれ、嫌な経験が光にかわります。

どんどん光が大きくなっていきます。

あなたは生きながらにして生まれかわります。
いるだけで周りの人を癒す光り輝く人になる。
思い出してください。
そのために、今世、あなたは生まれてきたのです。

親の闇を光にかえる子どもたち

愛知県　美和さん

何代も前から、嫌な役目をやったり、やられたりしてきた縁の深い魂たちが、悪因を解消するために、それぞれ自分の魂を成長させたくて、今世、親と子として生まれてくることがありますが、
そうではないケースも、最近、多いんです。
親御さんの闇を光にかえる挑戦をしたくて、因果解消とは関係なく、あえて、その親御さんを選んで生まれてきた魂が少なくありません。
美和さんの娘さんも、そのパターンです。

娘さんは高校生のときに「適応障害」になり、まるっきり別の人格にかわってしまった時期がありました。

母親である美和さんは「がんばらないと価値がない」という、間違った観念で生きてきた自分のせいで、娘さんを追い込んでしまったと思っていたのですが、あるとき、美和さんは娘さんにこんなことを言われたそうです。

「ママは魂の声にしたがって生きてなかったよね。

だから、私がおソラの上にいて、お母さんを決めるときママはとにかく違和感だったの。この人、すごく違和感だわ〜〜って。

自分の魂の声を押し殺して生きてるから、私が行かなきゃ、って思ったの。

私が行って、この人の違和感を解消しなくちゃ、って。

だから、私は使命感で、ママのところに来たんだよ」と。

そして、高校生のときに「適応障害」を発症したことについては、

「神さまから、爆弾というか、起爆剤を預かってきたんだよ。

私が高校生のときに爆発して病気になったのは、
まさにその爆弾が爆発したんだよねぇ。

だって、それを境に、ママは本当にかわったでしょ。

本当の自分を取り戻したでしょ」

と、娘さんは美和さんに語ったそうです。

美和さんは、本当の自分を生きていなかった自分を救うために、
娘さんが生まれてきてくれたことを知り、非常に感動しました。

そして、「どうして今のタイミングで話してくれたの？」とたずねました。

娘さん曰く、小さいころは知ってる言葉が少なくて伝えたくても伝えられなかったそうです。

「赤ちゃんのころから、ちゃんとものを考える力はあるのに、言語能力が足りなくてもどかしかった。

きちんと伝えられるタイミングがまさにいま！

私の言っていることをママが理解して受け取れるタイミングもちょうどいまなの！」

と、娘さんは美和さんに語ったそうです。

第4章

妄想をはじめましょう

最後に、
みなさんをファンタジーの世界にお連れしたいと思います。
あなたというかけがえのない存在がこの世に誕生したときにタイムスリップします。

命の原点

人間の本質は「愛」です。
この世に、生きとし生けるもの、すべての命は、宇宙の中心にある、光り輝く〝愛の海〟が原点です。

光り輝く〝愛の海〟には、
「自分は自分」

「あなたはあなた」の区別がありません。

一つの愛の光エネルギーでした。

これを「神」と呼ぶ人もいます。
「ワンネス」と呼ぶ人もいます。
呼び名が違うだけです。

一つの愛の光エネルギーから、すべてが生まれた、ということにはかわりがありません。

あなたも、この、光り輝く〝愛の海〟から生まれました。

自分は何者であるかを思い出しましょう

私たちの命（魂）は、大いなる神の愛の分霊《わけみたま》、神の愛でできています。


一つひとつの魂を運ぶ船が肉体です。

魂が肉体に入ったとき、

「私は私」

「あなたはあなた」

になりました。

そして、うれしい、楽しい、幸せ、いろんな感情を味わうことができるようになりました。

肉体には寿命がありますが、魂は永遠不滅です。
何度も生まれかわります。

なぜ、人は何度も生まれかわるのでしょう。

それは、何度も生まれかわるなかで経験した、悲しい思い出やつらい思い出、ゆるせない思いの記憶を書きかえるためです。

闇を光にかえるために、あなたは生まれたんです。

イメージしてください。
あなたはいま、闇を光にかえるためのアイテム、ファンタジービーム「白光《はっこう》の剣《つるぎ》」を、大いなる神から手渡されました。

あなたは「白光の剣」を胸に当て、そして誓います。

これから、私は「白光の戦士」として、この人生を生きて闇を光にかえていきます。
自分が主役として、この人生を楽しく生きて、愛のキャンドルサービスをして光を大きくし、ここにまた戻ってきます。

拍手喝采がわきました。

タケミカヅチノカミさま、フツヌシノカミさまをはじめとする、八百万の神たちが、あなたの守護霊、天使、精霊たちが一斉にあなたに拍手喝采を送っています。

あなたは「白光の戦士」らしく、威風堂々と胸を張り、「白光の剣」が放つ愛の光を、天空に放ちました。

まぶしい雄姿に、神々たちが再び、拍手喝采を送ります。

あなたは軽く会釈をすると、光り輝く滑り台を滑り降り、今世のあなたのお母さんの胎内へ入ります。

その神々とともに。

「白光の剣」で闇を斬る

十月十日《とつきとおか》のときをへて、お母さんの産道を通ってこの世に生まれ出たあなたは、自分が何者であったのか、何のために生まれてきたのか記憶を消されてしまいました。

それは、なぜかというと、より、ファンタジーという冒険を、楽しむためです。

そして、自分が「愛と光」であることに気づく旅が始まるのです。

けれど、記憶を失っても、あなたの魂は、いついかなるときも、宇宙の中心にある〝愛の海〟とつながっています。

「白光の戦士カード」を手に持ち、「白光の誓い」を唱えましょう。

自分を愛して他人を愛します
優しさと笑顔をたやさず
人の悪口は決していいません
長所をほめるように努めます

手に「白光の剣」を握り、闇を切り裂く自分の姿を思い描いてください。

出てくる闇、出てくる闇を「白光の剣」の愛の光で斬りましょう。
あなたが斬ったところ、斬ったところに光が現れます。
あなた自身が発光していきます。
そう、あなたは「白光の戦士」、光そのものです。
大いなる神の愛の光です。

ありがとう
ございました。

読者のみなさまへ

地球はかけがえのない魂の修行場です。

一人ひとり異なる個性をもった者たちが集まるなかで、自分を磨き、魂を向上させていける。

宇宙ひろしといえども、いろんな個性が集まった修行場はめずらしいのだそうです。


この星がいつまでも美しく、ますます光り輝きますように。


私も、あなたもそんな思いを胸に、手には「白光《はっこう》の剣《つるぎ》」を握りしめ、「白光の戦士」として生まれてきました。

ほとんどの人は産道を通って生まれ出てくるときに、自分は何者で、何のためにココに生まれてくるのか、神さまとどんな約束をして光の国を出てきたのか、すべて忘れてしまいます。

けれど、このような形で、あなたとお会いできた奇跡に、心から感謝いたします。

あなたは、自分自身を楽しんでいますか？

人は、みんな、大いなる神さまの最高傑作です。

神さまの夢と希望が、あなたという形になりました。

ですから、どうぞ、あなた自身をたくさん楽しんでください。

それが、闇を光にかえるいちばんの方法です。

そして、神さまがいちばん望んでいることです。

光のふるさとに帰る日まで、いろんな体験をするでしょう。

いつ、いかなるときも、あなたの周りには八百万の神、守護霊さま、天使、妖精、たくさんの味方がついていています。
どうぞ、「白光の剣」を存分にふるってください。
愛の光を、自分にも、周りにも、ふりそそいでください。

そうして、今世、この人生を謳歌《おうか》して、やがて必ず光の国に帰る日がやってきます。
あなたは、愛し愛されて幸せだったという思いをもって、光の国に帰ります。

肉体から魂が抜け、どんどん上昇して地球を上から見渡せるまで上昇します。
瑠璃《るり》色の地球が見えます。
あなたが「白光の剣」で闇を光にかえてくれたおかげで、美しい地球は守られました。

あなたはそのことを誇りに思い、光の国に戻りました。
光の国で、あなたは、神々、守護霊さま、天使、妖精、数多くのスピリットたちの拍手喝采で迎えられます。

あなたの頭の上には、人生の勝者の証である王冠が載っています。

地球に生まれる前、あなたは神さまの御前で約束をしました。
「この人生を楽しんできます。
ハッピーエンドの物語に置きかえて、光をたくさん増やしてきます」と。
その約束を果たし、あなたは人生の勝者となったのです。

二〇一八年八月三日

白光の戦士　舛岡はなゑ

「白光の戦士に捧ぐ」

白き光のなかから生まれ
剣《つるぎ》を持ちて
闇と戦う
あなたは勇者
白光の戦士

さいとうひとり

「一人さんとお弟子さんたちのブログ」について

さいとうひとり公式ブログ
（一人さんご本人がやっているブログです）
https://ameblo.jp/saitou-hitori-official

斎藤一人名代　舛岡はなゑブログ
https://ameblo.jp/hitori-myoudai-hana

ふとどきふらちな女神さま　（舛岡はなゑブログ）
https://ameblo.jp/tsuki-4978/

オススメのブログ

柴村恵美子さんのブログ	https://ameblo.jp/tuiteru-emiko/
みっちゃん先生のブログ	http://mitchansensei.jugem.jp/
宮本真由美さんのブログ	https://ameblo.jp/mm4900/
千葉純一さんのブログ	https://ameblo.jp/chiba4900/
遠藤忠夫さんのブログ	https://ameblo.jp/ukon-azuki/
宇野信行さんのブログ	https://ameblo.jp/nobuyuki4499/
高津りえさんのブログ	http://blog.rie-hikari.com/
おがちゃんのブログ	https://ameblo.jp/mukarayu-ogata/

楽しい仲間大募集です

一人さんのサプリメント・化粧品を取り扱いたい方は
下記までお電話を。

☎03-5879-4925

49《よく》なる参りのすすめ

49《よく》なる参りとは、指定した4カ所を9回お参りすることです。
※お参りできる時間は朝10時から夕方5時までです。

1カ所目……ひとりさんファンクラブ　五社参り
2カ所目……たかつりえカウンセリングルーム
千手観音参り
3カ所目……オフィスはなゑ　七福神参り
4カ所目……新小岩香取神社と
玉垣参り（玉垣とは神社
のまわりの垣のことです）

ひとりさんファンクラブで49《よく》なる参りのカードと地図を無料でもらえます。お参りすると1カ所につきハンコ（無料）をひとつ押してもらえます。
※新小岩香取神社ではハンコはご用意していませんので、お参りが終わったらひとりさんファンクラブで ひとり のハンコを押してもらってくださいね!!

【ひとりさんファンクラブ】
住所：東京都葛飾区新小岩1-54-5　1F
（JR新小岩駅南口からアーケード街へ徒歩3分）
電話：03-3654-4949
営業時間：朝10時から夜7時まで。年中無休。

〈斎藤一人さんのプロフィール〉

実業家。「銀座まるかん」創設者。1993年から納税額12年間連続ベスト10という日本記録を打ち立て、累計納税額も発表を終えた2004年までで、前人未到の合計173億円を納めた。土地売却や株式公開などによる高額納税者が多いなか、納税額はすべて事業所得によるものという異色の存在として注目されている。また著作家としても、心の楽しさと経済的豊かさを両立させるための著書を多数出版している。

〈特別付録〉

これは面白すぎる（笑）

一人さんの最新のお話

下のQRコードを読み取っていただくか、下記URLで検索していただくと、以下の一人さんの最新のお話を聞くことができます。

「ひとりさんの使命の話」

https://youtu.be/ZWigQzKkx10

「ひとりさんの天の閃きの話」

https://youtu.be/Nox-Dwc-OTA

〈QR コードを読み取るために〉

カメラ付き携帯電話の QR コードリーダー（バーコードリーダー）アプリを起動します。アプリが搭載されていない場合は、「App Store」もしくは「Google Play ストア」からインストールしてください（無料）。

みんなでエントリー(^^)

第１回さいとうひとり全国本読み大会

第１回課題本は 本書『斎藤一人　白光《はっこう》の戦士』です。

一人さんファンや
すでに白光の戦士になっている方に
おすすめの本です

さいとう　ひとり

●さいとうひとり全国本読み大会とは
「全国のみなさんと本を読む面白さを共有したい」という想いから、
「全国本読み大会」を一人さんがはじめました。

第１回目に一人さんが選んだ課題本『斎藤一人　白光の戦士』を２回読んだ方は、下記一人さんの８月18日付けのツイッターにご自分のお名前（ニックネーム可）をご入力ください。もれなく「第一回さいとうひとり全国本読み大会・修了証」がもらえます（もちろん無料ですよ）。

本書を２回読んだ方は
８月18日付け 一人さんの公式ツイッターへ

https://twitter.com/O4Wr8uAizHerEWj

詳しくはコチラをご覧ください

●一人さん公式ブログ「本読み大会の記事」URL

https://ameblo.jp/saitou-hitori-official/entry-12391896013.html

〈著者略歴〉

舛岡はなゑ（ますおか　はなえ）

斎藤一人さんの名代。

東京都江戸川区生まれ。喫茶店「十夢想家」で斎藤一人さんと出会い、事業家に転身、成功をおさめる。

さらに、一人さんの教え――本当の自分に気づき、幸せで豊かに生きる知恵――の面白さを体感できる、今までにない「楽しい妄想ワーク」を開発。

一人さんの教えをお口伝えする講演活動を行う。

また、一人さんの教えの実践版「美開運メイク」の講師養成、「癒やしのセラピスト」の養成、そして、執筆活動と、活躍の幅を広げている。

「舛岡はなゑ講演会」「美開運メイク」「癒やしのセラピスト」
「斎藤一人　生成発展塾～舛岡はなゑスクール」に関するお問い合わせは、
銀座まるかんオフィスはなゑ☎03-5879-4925

斎藤一人　白光《はつこう》の戦士
一瞬で幸せに変わる魔法

2018年8月30日　第1版第1刷発行
2018年9月4日　第1版第2刷発行

著　者　舛岡はなゑ
発行者　後藤淳一
発行所　株式会社ＰＨＰ研究所
東京本部　〒135-8137　江東区豊洲5-6-52
第二制作部ビジネス課　☎03-3520-9619（編集）
普及部　☎03-3520-9630（販売）
京都本部　〒601-8411　京都市南区西九条北ノ内町11
PHP INTERFACE　https://www.php.co.jp/

制作協力
組　版　株式会社PHPエディターズ・グループ
印刷所　株式会社精興社
製本所　株式会社大進堂

ISBN978-4-569-84108-3

PHPの本

斎藤一人 悩みはなくせる

斎藤一人／舛岡はなゑ 著

「何歳からでも、今からでも、自分の脳は開拓できますよ」。幸せな大金持ち直伝！　いとも簡単に、悩みを解決させる答えの出し方。

定価 本体一、二〇〇円（税別）

ＰＨＰの本

斎藤一人 開運つやメイクと魔法の法則

舛岡はなゑ 著／ひらいみも 絵

幸せな人はみんな、顔につやがある！ 15分できれいになって、運もよくなる簡単「つやメイク」と、人生がうまくいく考え方を紹介。

定価 本体一、二〇〇円（税別）

PHPの本

斎藤一人 大商人の教え

仕事がイヤになるたびにお金と知恵が増えていく

尾形幸弘 著

仕事、人生に悩み抜き、どん底に落ちた著者を救った大商人・斎藤一人氏の教え。仕事がイヤになるたびに、お金と知恵が増えていく一冊。

定価 本体一、五〇〇円（税別）

PHPの本

斎藤一人 あなたに奇跡が起こる不思議な話

柴村恵美子 著

『人の悪口を言わないことに挑戦する』と、神様が一気に味方する」など、魂が浄化されて人生が好転する、不思議なお話の数々を紹介。

定価 本体一、〇〇〇円（税別）

PHPの本

斎藤一人 奇跡のバイブル

舛岡はなゑ 著

どうして斎藤一人さんは、納税額日本一に？
幸せな大富豪の驚くべき人生の原点と、愛と成功のタネを日本中に蒔く新しい知恵を説く。

定価 本体一、三〇〇円（税別）